Böhme/Fleck/Bayerlein
Formularsammlung für Rechtsprechung
und Verwaltung

Formularsammlung für Rechtsprechung und Verwaltung

Von

Dr. jur. Werner Böhme
Ministerialrat

Dr. jur. Dieter Fleck
Ministerialrat

Dr. jur. Walter Bayerlein
Vorsitzender Richter am Oberlandesgericht München

13., überarbeitete Auflage

C. H. Beck'sche Verlagsbuchhandlung
München 1997

Die Deutsche Bibliothek – CIP-Einheitsaufnahme

Böhme, Werner:
Formularsammlung für Rechtsprechung und
Verwaltung / von Werner Böhme ; Dieter Fleck ; Walter
Bayerlein. – 13., überarb. Aufl. – München : Beck, 1997
ISBN 3 406 43203 4

ISBN 3 406 43203 4

Druck der C. H. Beck'schen Buckdruckerei, Nördlingen
Gedruckt auf säurefreiem, alterungsbeständigem Papier
(hergestellt aus chlorfrei gebleichtem Zellstoff).

Vorwort zur 13. Auflage

Die überarbeitete Neuauflage berücksichtigt den Stand der Gesetzgebung bis Juli 1997. Insbesondere die Anfang 1997 in Kraft getretene 6. VwGO-Novelle machte erhebliche Änderungen notwendig. Verbesserungsvorschläge aus dem Kreis der Benutzer wurden aufgegriffen, soweit sich dies mit der Zielsetzung der Sammlung vereinbaren ließ, die sich nicht als Alternative zu den großen Formularbüchern versteht.
Die Autoren sind für weitere Anregungen dankbar. Sie werden jeweils sorgfältig prüfen, inwieweit ihnen Rechnung getragen werden kann.

München und Köln, im Juli 1997

Werner Böhme   *Dieter Fleck*   *Walter Bayerlein*

Aus dem Vorwort zur 4. Auflage

Die tiefgreifenden Gesetzesänderungen im Bereich des GVG, der ZPO, StPO und des StGB machten eine gründliche Überarbeitung der Formularsammlung erforderlich. Aus diesem Anlaß wurde das gesamte Werk kritisch durchgesehen und auf den neuesten Stand gebracht.
Der neue Mitautor Dr. Walter Bayerlein, seit Jahren hauptamtlicher Arbeitsgemeinschaftsleiter für Referendare, konnte seine umfangreichen Erfahrungen als Ausbilder verwerten. Durch seine Arbeit sind ihm die Schwierigkeiten bekannt, denen Referendare bei der äußeren Abfassung von Schriftsätzen und Gerichtsentscheidungen begegnen.
Die Autoren hoffen, daß die Formularsammlung in der vorliegenden Fassung dem Referendar in Ausbildung und Examensvorbereitung und dem Juristen in der Praxis auch weiterhin gute Dienste leisten wird.

München und Köln, im August 1976

Werner Böhme   *Dieter Fleck*   *Walter Bayerlein*

Vorwort

Aus dem Vorwort zur 1. Auflage

Diese Mustersammlung soll dazu beitragen, eine Lücke in den Ausbildungshilfen für junge Juristen zu schließen. Sie beschreibt den äußeren Aufbau derjenigen Anträge und Entscheidungen, die für Prüfung und Praxis am wichtigsten sind und häufig vorkommen.

Die Verfasser haben die teilweise voneinander abweichende Übung in den verschiedenen Bundesländern geprüft und sich mit den folgenden Mustern an bewährte und überall verwendbare Vorbilder gehalten. Sie möchten jedoch betonen, daß es sich hierbei nicht um stets verbindliche Formulare handelt, die in allen Fällen unverändert angewendet werden müßten oder könnten. Das oberste Gebot ist stets die Klarheit und nicht das Formular. Bewußt wurde daher auch jedes Muster an Hand eines besonderen Falles ausgefüllt. Die Anmerkungen weisen auf wichtige Abwandlungen in anders gelagerten Fällen hin.

München und Kiel, im August 1967

Werner Böhme   Dieter Fleck

Inhaltsverzeichnis

	Seite
Vorwort	V

Muster für Anträge und Entscheidungen

A. Zivilrecht

Erster Abschnitt. Streitige Gerichtsbarkeit

I. Ordentliche Gerichtsbarkeit

a) Einzelne gerichtliche Beschlüsse

Nr. 1. Antrag auf Erlaß einer einstweiligen Verfügung	1
Nr. 2. Einstweilige Verfügung	3
Nr. 3. Antrag auf Erlaß eines dinglichen Arrests	5
Nr. 4. Anordnung eines dinglichen Arrests	7
Nr. 5. Beschluß im Prozeßkostenhilfe-Verfahren	9
Nr. 6. Pfändungs- und Überweisungsbeschluß	11

b) Verfahren erster Instanz

Nr. 7. Klageschrift	13
Nr. 8. Klageerwiderung	15
Nr. 9. Streitverkündungsschrift	16
Nr. 10. Antragsschrift im Ehescheidungsverfahren	18
Nr. 11. Beweisbeschluß	22
Nr. 12. Urteil erster Instanz	24

c) Rechtsmittelverfahren

Nr. 13. Berufungsschrift	32
Nr. 14. Berufungsbegründung	33
Nr. 15. Berufungsurteil	34
Nr. 16. Revisionsschrift mit Begründung	39
Nr. 17. Beschwerdeschrift	41
Nr. 18. Beschwerdeentscheidung	42

II. Arbeitsgerichtsbarkeit

Nr. 19. Arbeitsgerichtsurteil	44

Zweiter Abschnitt. Freiwillige Gerichtsbarkeit

a) Erstentscheidung

Nr. 20. Beschluß des Vormundschaftsgerichts	47
Nr. 21. Erbschein	50
Nr. 22. Ablehnungsbescheid im Erbscheinsverfahren	52
Nr. 23. Vorbescheid im Erbscheinsverfahren	54
Nr. 24. Zwischenverfügung	55
Nr. 25. Eintragungsverfügung in Grundbuchsachen	56

Inhalt

Seite

b) Beschwerdeentscheidungen
Nr. 26. Allgemeine Beschwerdeentscheidung der freiwilligen Gerichtsbarkeit. 57
Nr. 27. Beschwerdeentscheidung in Erbscheinssachen 59
Nr. 28. Beschwerdeentscheidung in Grundbuchsachen 61

B. Strafrecht

a) Vorverfahren
Nr. 29. Durchsuchungs- und Beschlagnahmebeschluß 65
Nr. 30. Haftbefehlsantrag 66
Nr. 31. Haftbefehl.................................... 68
Nr. 32 Außervollzugsetzung eines Haftbefehls................. 69
Nr. 33. Einstellungsverfügung 71
Nr. 34. Klageerzwingungsschrift......................... 74
Nr. 35. Strafbefehl................................... 76
Nr. 36. Anklageschrift 79

b) Zwischenverfahren
Nr. 37. Eröffnungsbeschluß............................. 83

c) Hauptverfahren
Nr. 38. Strafurteil erster Instanz 85

d) Privatklageverfahren
Nr. 39. Privatklageschrift 90
Nr. 40. Urteil im Privatklageverfahren 92

e) Rechtsmittelverfahren
Nr. 41. Berufungs-(Revisions-)einlegung.................... 94
Nr. 42. Berufungsurteil................................ 95
Nr. 43. Revisionsbegründung........................... 97
Nr. 44. Beschwerdeentscheidung......................... 100

f) Wiederaufnahme
Nr. 45. Wiederaufnahmeantrag.......................... 101
Nr. 46. Wiederaufnahme des Verfahrens 102

C. Verwaltungsrecht

I. Erstentscheidungen der Verwaltungsbehörden
Nr. 47. Bescheid einer Kreisverwaltungsbehörde.............. 105
Nr. 48. Nachträgliche Anordnung der sofortigen Vollziehung 108
Nr. 49. Bußgeldbescheid............................... 110

II. Verwaltungsrechtliches Vorverfahren
Nr. 50. Widerspruchsbescheid 113

Inhalt

Seite

III. Entscheidungen des Verwaltungsgerichts

a) Einzelne gerichtliche Beschlüsse

Nr. 51. Einstellungsbeschluß des Verwaltungsgerichts 115
Nr. 52. Anordnung der aufschiebenden Wirkung durch das Verwaltungsgericht 117
Nr. 53. Einstweilige Anordnung des Verwaltungsgerichts 120
Nr. 54. Beschluß über Prozeßkostenhilfe im verwaltungsgerichtlichen Verfahren 123

b) Vereinfachte Entscheidung

Nr. 55. Gerichtsbescheid 126

c) Urteil

Nr. 56. Verwaltungsgerichtsurteil 130

IV. Entscheidungen des Oberverwaltungsgerichts

a) Einzelne gerichtliche Beschlüsse

Nr. 57. Zulassung der Berufung 135
Nr. 58. Einstweilige Anordnung des Oberverwaltungsgerichts 138
Nr. 59. Beschluß über das Ruhen des Verfahrens 140

b) Beschwerdeentscheidung

Nr. 60. Beschwerdeentscheidung des Oberverwaltungsgerichts 141

c) Berufungsurteil

Nr. 61. Berufungsurteil im Verwaltungsgerichtsprozeß 143

D. Steuerrecht

Nr. 62. Einspruchsentscheidung des Finanzamts 147
Nr. 63. Finanzgerichtsurteil 150

Registerzeichen der Gerichte 154

Sachverzeichnis 159

A. ZIVILRECHT

Erster Abschnitt. Streitige Gerichtsbarkeit

I. Ordentliche Gerichtsbarkeit

a) Einzelne gerichtliche Beschlüsse

Nr. 1. Antrag auf Erlaß einer einstweiligen Verfügung

Dr. Heinrich Roth   60313 Frankfurt/Main, 27. 2. 1997
Rechtsanwalt   Alte Gasse 16

An das
Amtsgericht Frankfurt/Main
– Streitgericht –

Antrag auf Erlaß einer einstweiligen Verfügung

der Frau Marta Kunter, Darmstädter Landstr. 17, 60594 Frankfurt/Main,
– Antragstellerin –

gegen Fritz Berger, Kaiserstr. 3, 60311 Frankfurt/Main,
– Antragsgegner –

Namens und im Auftrag der Antragstellerin – Vollmacht liegt bei – beantrage ich, wegen Dringlichkeit ohne mündliche Verhandlung im Wege einstweiliger Verfügung anzuordnen:
    I. Dem Antragsgegner wird bei Meidung eines Ordnungsgeldes[1] bis zu 500.000,– DM und einer Ordnungshaft bis zu 6 Monaten im Falle der Uneinbringlichkeit des Ordnungsgeldes untersagt, zu behaupten, die Antragstellerin gehe der Prostitution nach.
    II. Der Antragsgegner hat die Kosten des Verfahrens zu tragen.

Gegenstandswert[2]: 4.800,– DM

Begründung:

Sachdarstellung zu Anspruch und Verfügungsgrund mit jeweiliger Glaubhaftmachung der Tatsachen.
Anlage: Vollmacht

    Roth
    (Dr. Roth)
    Rechtsanwalt

Nr. 1

Anmerkungen

1. Vgl. § 890 ZPO, Art. 6 Abs. 1 EGStGB. Die volle Summe muß nicht ausgeschöpft werden. Die Strafandrohung muß zwar nicht mit dem Antrag auf Erlaß einer einstw. Verfügung auf Unterlassung ehrenrühriger Behauptungen verbunden werden (vgl. § 890 Abs. 2 ZPO); die Verbindung ist aber zweckmäßig, weil die Androhung, soll vollstreckt werden, bereits vor der Zuwiderhandlung ausgesprochen sein muß.
2. Vgl. § 12 Abs. 2 GKG. Das angedrohte Ordnungsgeld ist kein Indiz für den Streitwert.

Nr. 2. Einstweilige Verfügung

Landgericht Darmstadt

Az: 2 O 17/97

Beschluß[1]
der 2. Zivilkammer des Landgerichts Darmstadt vom 21. April 1997
in dem Verfahren

Fa. K r a u s e KG., Noackstr. 3, 64285 Darmstadt,
gesetzlich vertreten durch ihren persönlich haftenden Gesellschafter
Dr. Friedrich Meier, Noackstr. 3, 64285 Darmstadt,
– Antragstellerin –

Prozeßbevollmächtigter: Rechtsanwalt Fritz Müller, Marktplatz 3,
64283 Darmstadt,

gegen

Wilhelm H o c h b a u e r, Malermeister, Lortzingstr. 11, 64291 Darmstadt,
– Antragsgegner –

wird im Wege einstweiliger Verfügung – wegen Dringlichkeit ohne mündliche Verhandlung – angeordnet:

I. Im Grundbuch des Amtsgerichts Darmstadt für Darmstadt, Band 13, Blatt 5002, Abt. III, ist zur Nr. 5 folgendes Veräußerungsverbot zugunsten der Antragstellerin einzutragen: ‚Dem Eigentümer wird verboten, über diese Hypothek zu verfügen.'
II. Der Antragsgegner trägt die Kosten des Verfahrens.
III. Der Streitwert des Verfügungsverfahrens wird auf 40.000,– DM festgesetzt.[2]

Gründe:

1. Sachdarstellung
2 Rechtliche Würdigung mit Angabe der Dringlichkeit,
   z.B.: Der Antragsteller hat durch Vorlage einer eidesstattlichen Versicherung glaubhaft gemacht, daß ...
   Die Dringlichkeit ergibt sich aus folgenden Umständen: ...
3. Kostenentscheidung
4. Streitwertfestsetzung.

Bertsch	*Höger*	*Lehmann*
(Bertsch)	(Höger)	(Lehmann)
Vors. Richter	Richter	Richterin
am Landgericht	am Landgericht	

Nr. 2

Anmerkungen

1. Wird über den Antrag mündlich verhandelt, entscheidet das Gericht durch Urteil (§§ 936, 922 ZPO). Zur Zuständigkeit vgl. § 937 und § 942 ZPO.
2. Vgl. § 20 Abs. 1 GKG, § 3 ZPO. Die Streitwertfestsetzung im Beschluß folgt aus § 25 Abs. 2 Satz 1 GKG. Maßgebend ist das Sicherungsinteresse des Antragstellers. Ein Ausspruch über die Vollstreckbarkeit entfällt, weil der Beschluß kraft Gesetzes vollstreckbar ist (§§ 936, 929 ZPO).

Nr. 3. Antrag auf Erlaß eines dinglichen Arrests

Dr. Barbara Geiger-Mahlik
Rechtsanwältin

80469 München, 21. 5. 1997
Kapuzinerstr. 33

An das
Landgericht München I
– Zivilkammer –[1]

Arrestgesuch

des Wilhelm Bergmeister, Briennerstr. 35, 80333 München,
– Antragsteller –

Verfahrensbevollmächtigte: Rechtsanwältin Dr. Barbara Geiger-Mahlik, München,

gegen

Josef Schrallberger, Sonnenstr. 24, 80331 München,
– Antragsgegner –

Namens und im Auftrag des Antragstellers – Vollmacht ist beigefügt –

beantrage

ich, – ohne mündliche Verhandlung –[2]
wegen einer Kaufpreisforderung des Antragsgegners von 28.345,– DM (i. W. achtundzwanzigtausenddreihundertfünfundvierzig Deutsche Mark) und einer Kostenpauschale[3] von 4.700,– DM den dinglichen Arrest[4] in das bewegliche und unbewegliche Vermögen[5] des Antragsgegners anzuordnen.[6]

Begründung:

Sachdarstellung des Arrestanspruchs (§ 916 ZPO) und des Arrestgrundes (§ 917 ZPO) jeweils mit Glaubhaftmachung (§ 920 Abs. 2, § 294 ZPO) der entsprechenden Tatsachen.

Geiger-Mahlik
(Dr. Geiger-Mahlik)
Rechtsanwältin

Nr. 3

Anmerkungen

1. Zur Zuständigkeit: § 919 ZPO
2. Vgl. § 921 Abs. 1 ZPO.
3. Die Kostenpauschale umfaßt die geschätzten Kosten des Hauptsacheprozesses und des Arrestverfahrens. Sie wird in der Praxis regelmäßig in den Arrestantrag einbezogen und von den Gerichten anerkannt, obwohl, sofern ein Hauptsacheprozeß noch nicht anhängig ist, der Kostenerstattungsanspruch wohl noch keine bedingte Forderung im Sinne von § 916 Abs. 2 ZPO sein dürfte.
4. Zum Arrestgrund bei persönlichem Arrest vgl. § 918 ZPO.
5. Eine Aufzählung der Gegenstände, in die sicherungshalber vollstreckt werden soll, gehört nicht hierher. Die Arrestvollziehung (z. B. Forderungspfändung) ist in §§ 928 ff. ZPO eigens geregelt.
6. Ein Antrag, daß der Antragsgegner die Kosten des Arrestverfahrens zu tragen hat, ist entbehrlich, weil das Gericht darüber auch im Arrestverfahren von Amts wegen zu entscheiden hat.

Nr. 4 Anordnung eines dinglichen Arrests

Landgericht München I
Az. 23 O 1046/97

Beschluß[1,2]

der 23. Zivilkammer des Landgerichts München I vom 3. 6. 1997

in dem Verfahren

Wilhelm Bergmeister, Briennerstr. 35, 80333 München,
– Antragsteller –
Verfahrensbevollmächtigte: Rechtsanwältin Dr. Barbara Geiger-Mahlik, Kapuzinerstr. 33, 80469 München,

gegen

Josef Schrallberger, Sonnenstr. 24, 80331 München,
– Antragsgegner –

1. Zur Sicherung der Zwangsvollstreckung wegen einer Kaufpreisforderung[3] des Antragstellers auf Zahlung von 28.345,– DM und eines Kostenpauschalbetrages[4] von 4.700,– DM wird der dingliche Arrest[5] in das bewegliche und unbewegliche Vermögen des Antragsgegners angeordnet.
2. Der Antragsgegner hat die Kosten des Arrestverfahrens zu tragen.
3. Evtl. Die Vollziehung des Arrests wird davon abhängig gemacht, daß der Antragsteller Sicherheit in Höhe von 33.100,– DM leistet.[6]
4. Wenn der Antragsgegner 32.200,– DM hinterlegt, wird die Vollziehung des Arrests gehemmt und der Antragsgegner zum Antrag auf Aufhebung des vollzogenen Arrests berechtigt.[7]

Wenzel	*Mantler*	*Liebhardt*
(Dr. Wenzel)	(Mantler)	(Liebhardt)
Vors. Richter[8] am Landgericht	Richter	Richterin am Landgericht

Anmerkungen

1. Über das Arrestgesuch kann ohne mündliche Verhandlung durch Beschluß oder nach mündlicher Verhandlung durch Urteil entschieden werden (§ 922 Abs. 1 ZPO).
2. Der Beschluß bedarf keiner Begründung, wenn er nicht im Ausland vollzogen werden soll (vgl. § 922 Abs. 1 Satz 2 ZPO). Soll der Beschluß im Geltungsbe-

Nr. 4

reich des EuGVÜ in einem anderen Staat geltend gemacht werden, ist ihm auf Antrag eine Begründung beizufügen, § 32 Abs. 4 AVAG.
3. Die Anordnung muß die Forderung nach Grund und Höhe bestimmen.
4. Wegen der Kostenpauschale vgl. oben Nr. 3 Anm. 3.
5. Die Art des Arrests muß bestimmt werden. Bei persönlichem Arrest würde Ziffer 1. lauten: „... wird der persönliche Sicherheitsarrest gegen den Antragsgegner angeordnet." Ziffer 2. würde lauten: „In Vollziehung von Ziffer 1 wird Haft gegen den Antragsgegner verhängt". Gemäß § 933 ZPO kommen wegen des Grundsatzes der Verhältnismäßigkeit auch andere Freiheitsbeschränkungen in Betracht, wie Meldepflicht, Reiseverbot, Wegnahme der Ausweispapiere, Hausarrest. Ziffer 3. müßte lauten: „Die Vollziehung des Arrests wird durch Hinterlegung eines Betrages von ...... gehemmt und der Antragsgegner zu dem Antrag auf Aufhebung des persönlichen Arrests berechtigt."
6. Vgl. § 921 Abs. 2 Satz 1 ZPO. Das Gericht könnte auch die Anordnung des Arrests von vorheriger Sicherheitsleistung des Antragstellers abhängig machen (vgl. § 921 Abs. 2 Satz 2 ZPO) oder den Arrest und die Vollziehung nicht von einer Sicherheitsleistung abhängig machen.
7. Vgl. § 923 ZPO, sog. „Lösungssumme". Die Höhe entspricht der zu sichernden Forderung mit Nebenforderungen, allerdings ohne Einbeziehung der Kosten des Arrestverfahrens, da diese endgültig zu erstatten sind.
8. In besonders dringlichen Fällen kann der Vorsitzende auch allein entscheiden, § 944 ZPO.

Nr. 5. Beschluß im Prozeßkostenhilfe-Verfahren

Landgericht Passau
Az: 2 O 31/97

Beschluß

In Sachen

Martha Richter, geb. Schramm, Hausfrau, Berggasse 7, 94032 Passau,
– Antragstellerin –

Prozeßbevollmächtigter: Rechtsanwalt Heinz Martin, Marktgasse 3, 94032 Passau,

gegen

Hans Müller, Maurer, Berggasse 23, 94032 Passau,
– Antragsgegner –

Prozeßbevollmächtigter: Rechtsanwalt Dr. Kurt Scharf, Hochstr. 2, 94032 Passau.

wegen Forderung;
hier: Bewilligung der Prozeßkostenhilfe
hat das Landgericht Passau, 2. Zivilkammer, am 18. 4. 1997 durch Vorsitzenden Richter am Landgericht Dr. Rauh, Richter am Landgericht Weiß und Richter Dr. Maurer folgendes

beschlossen:

Der Antragstellerin wird die beantragte Prozeßkostenhilfe versagt.

Gründe[1]:

1. Kurze Sachverhaltsschilderung
2. Rechtliche Würdigung, aus der sich ergibt, ob die Prozeßkostenhilfe wegen der persönlichen und wirtschaftlichen Verhältnisse der Antragstellerin oder wegen Fehlens hinreichender Erfolgsaussicht der beabsichtigten Rechtsverfolgung oder Rechtsverteidigung versagt wird (§ 114 ZPO).

Rauh	*Weiß*	*Maurer*
(Dr. Rauh)	(Weiß)	(Dr. Maurer)

Nr. 5

Anmerkung

1. Die Versagung oder die Aufhebung der Bewilligung der Prozeßkostenhilfe (§ 124 ZPO) ist zu begründen, sofern gegen den Beschluß die Beschwerde statthaft ist (vgl. § 127 Abs. 2 Satz 2 ZPO).
Die Bewilligung ratenfreier Prozeßkostenhilfe bedarf keiner Begründung, da sie vom Antragsteller nicht anfechtbar ist (§ 127 Abs. 2 Satz 1 ZPO). Soweit mit der Bewilligung zu zahlende Monatsraten und aus dem Vermögen zu zahlende Beträge festzusetzen sind (§§ 120 Abs. 1, 115 ZPO), ist dies kurz zu begründen.

Nr. 6. Pfändungs- und Überweisungsbeschluß

Amtsgericht Hamburg
– Vollstreckungsgericht –
Az: 3 M 170/97

Pfändungs- und Überweisungsbeschluß
in der Zwangsvollstreckungssache

Jürgen H a n d k e, Kaufmann, Wilhelmstr. 3, 21073 Hamburg,
– Gläubiger –
Prozeßbevollmächtigter: Rechtsanwalt Dr. Dieter Walter, Kaiserberg 17, 21077 Hamburg,

gegen

Ludwig H e i n z e, Kaufmann, Bremer Str. 27, 21073 Hamburg,
– Schuldner –

Nach dem vollstreckbaren Urteil des Amtsgerichts Hamburg vom 20. 1. 1997 (Az: 3 C 372/96) steht dem Gläubiger gegen den Schuldner ein Anspruch auf 650,– DM nebst 4% Zinsen seit dem 1. 9. 1992 zu. Wegen und bis zur Höhe dieses Anspruchs und der unten zu I berechneten Kosten für diesen Beschluß sowie wegen der unten zu II berechneten Kosten für die Zustellung dieses Beschlusses wird die angebliche Forderung des Schuldners gegen den Kaufmann Heinrich Bauer, Hauptstr. 11, Hamburg, – Drittschuldner – aus Lieferung einer Stereoanlage Technics SC-HD 50, bestehend aus RDS-Tuner, Cassettendeck, CD-Player, 2 Lautsprecherboxen und Fernbedienung, Rechnungsnummer 1054[1], gepfändet.

Der Drittschuldner darf, soweit die Forderung gepfändet ist, an den Schuldner nicht mehr zahlen. Der Schuldner hat sich insoweit jeder Verfügung über die Forderung, insbesondere ihrer Einziehung zu enthalten. Zugleich wird dem Gläubiger die bezeichnete Forderung in Höhe des erwähnten Betrags zur Einziehung überwiesen.

Hamburg, den 21. 4. 1997

Schuster
(Schuster)
Rechtspfleger

I. Kosten für den Beschluß: ... *(Gerichtskosten und evtl. Anwaltskosten)*

II. Zustellungskosten: ...

Nr. 6

Anmerkung

1. Die gepfändete Forderung muß möglichst genau bezeichnet werden (vgl. Thomas-Putzo, § 829 RdNr. 7).

b) Verfahren erster Instanz

Nr. 7. Klageschrift

Dr. Werner Habscheid
Dr. Hans Müller-Haenisch
Rechtsanwälte

80333 München, 20. 4. 1997
Arcostr. 5

An das
Landgericht München I
– Zivilkammer –

Klage

in Sachen

1. Hans-Heinrich Frisch, Kaufmann, Lauterweg 21, 45219 Essen,
2. Manfred Hebel, Kaufmann, Hauptstr. 42, 45219 Essen,
– Kläger –

Prozeßbevollmächtigte zu 1 und 2: Rechtsanwälte Dres. Habscheid und Müller-Haenisch, Arcostr. 5, 80333 München,

gegen

Hans Neuberger, Kaufmann, Theatinerstr. 11, 80333 München,
– Beklagter –

wegen Forderung
Streitwert: 34.000,– DM.

Namens und im Auftrag der Kläger erheben wir hiermit Klage zum Landgericht München I mit dem

Antrag:

I. Der Beklagte wird verurteilt, an die Kläger je 17.000,– DM nebst 4% Zinsen hieraus seit Klageerhebung zu zahlen.
II. Der Beklagte trägt die Kosten des Rechtsstreits.[1]
III. Das Urteil ist vorläufig vollstreckbar.[1,2]

Evtl.: Für den Fall des schriftlichen Vorverfahrens wird vorsorglich Versäumnisurteil gegen den Beklagten beantragt.[3]

Nr. 7

Begründung:

Substantiierter Tatsachenvortrag zur Begründung des prozessual geltend gemachten Anspruchs nach Grund und Höhe einschließlich etwaiger Nebenforderungen (§ 138 Abs. 1 ZPO).

Für jede behauptete Tatsache ist – sofern nicht vorprozessual unstreitig – gesondert Beweis anzutreten (§ 282 Abs. 1 und 2 ZPO).[4]

z. B. Der Beklagte hat am 1. 7. 1996 in der Münchner Gastwirtschaft „Laterne" von den Klägern je 17.000,– DM als Darlehen erhalten und dabei Rückzahlung bis zum 1. 1. 1997 versprochen.

Beweis: Max Biermann, Gastwirt, Leopoldstr. 28, 80802 München, als Zeuge.

Rechtliche Ausführungen sind zweckmäßig und in Anwaltsschriftsätzen üblich, aber nicht unbedingt geboten.

Abschließend soll bei Klagen zum Landgericht dazu Stellung genommen werden, ob einer Übertragung der Sache auf den Einzelrichter (§ 348 ZPO) Gründe entgegenstehen (§ 253 Abs. 3 ZPO).

Müller-Haenisch
(Dr. Müller-Haenisch)
Rechtsanwalt

Anmerkungen

1. Anträge zur Kostenentscheidung und auf vorläufige Vollstreckbarkeit sind – im Gegensatz zu Vollstreckungserleichterungsanträgen (vgl. § 714 ZPO) – entbehrlich, aber üblich. Ein etwaiger Antrag des Klägers, eine eventuelle Sicherheitsleistung durch selbstschuldnerische, unbefristete, unwiderrufliche, schriftliche Bürgschaft einer bestimmten Bank erbringen zu dürfen (vgl. §§ 108, 109 ZPO), ist an dieser Stelle anzuschließen.
2. Der vorsorgliche Schuldnerantrag nach § 712 ZPO und die Gläubigeranträge nach § 710 ZPO und § 711 Satz 2 ZPO sind im Antrag entsprechend dem Gesetzeswortlaut zu formulieren; in der Begründung sind die erforderlichen Tatsachen vorzutragen und glaubhaft zu machen (§ 714 Abs. 2 ZPO).
3. Vgl. §§ 276 Abs. 1 Satz 1, 331 Abs. 3 ZPO.
4. Beachte: § 296 ZPO.

Nr. 8. Klageerwiderung

Kurt Kleinknecht 81675 München, 30. 4. 1997
Rechtsanwalt Schloßstraße 11

An das
Landgericht München I
– 3. Zivilkammer –

In Sachen Frisch u. Hebel (Proz. Bev. RA. Dres. Habscheid u. Koll.) . /.
Neuberger wegen Forderung

Az: 3 O 1165/97

zeige ich an, daß ich den Beklagten vertrete.

Ich werde beantragen:

> Die Klage wird abgewiesen.

Evtl.: Vorsorglich erbitte ich Vollstreckungsschutz gemäß § 712 Abs. 1 Satz 2 ZPO.[1]

Begründung:

Erklärungen zu den vom Kläger behaupteten Tatsachen (§ 138 Abs. 2–4 ZPO) sowie eigener substantiierter Tatsachenvortrag (§ 138 Abs. 1 ZPO) mit jeweils dazu gehörigen Beweisantritten (§§ 282, 277 ZPO).[2] Etwaige Einreden (z. B. nach § 222 BGB) sind ausdrücklich zu erheben. Rechtliche Ausführungen sind zweckmäßig, aber nicht unbedingt geboten.

Abschließend ist in Prozessen vor dem Landgericht dazu Stellung zu nehmen, ob der Übertragung der Sache auf den Einzelrichter (§ 348 ZPO) Gründe entgegenstehen (§ 277 Abs. 1 Satz 2 ZPO).

Kleinknecht
(Kleinknecht)
Rechtsanwalt

Anmerkungen

1. Der Schuldnerschutzantrag ist genau zu bezeichnen; die tatsächlichen Voraussetzungen sind in der Begründung vorzutragen und glaubhaft zu machen (§ 714 Abs. 2 ZPO).
2. Beachte: § 296 ZPO.

Nr. 9

Nr. 9. Streitverkündungsschrift

Dr. Hanna Scherff 20355 Hamburg, 14. 6. 1997
Rechtsanwältin Kaiser-Wilhelm-Str. 36

An das
Landgericht Hamburg
Zivilkammer 2

Az: 2 O 1271/97

Streitverkündung

In Sachen
Erika Ronnefeld, Hausfrau, Friedrich-Ebert-Str. 121,
22459 Hamburg,
– Klägerin –
Prozeßbevollmächtigte: Rechtsanwältin Dr. Scherff, Kaiser-Wilhelm-Str. 36, 20355 Hamburg,

gegen

Dr. med. Ehrenfried Hamann, praktischer Arzt,
Bergmannstr. 28, 22419 Hamburg,
– Beklagter –

Prozeßbevollmächtigte: Rechtsanwälte Pelzer und Dr. Steindorff, Masenkamp 5, 22419 Hamburg,

verkünde ich namens und in Vollmacht der Klägerin

Dr. med. Hansjörg Hofmann, praktischer Arzt,
Wiesenstr. 81, 33729 Bielefeld,
– Streitverkündeter –
den Streit mit der Aufforderung,

dem Rechtsstreit auf seiten der Klägerin beizutreten.

Sollte die Klage wider Erwarten abgewiesen werden, so hat die Klägerin einen Anspruch gegen den Streitverkündeten auf Schadensersatz, denn ... *(folgt Darlegung der Tatsachen zur Anspruchsgrundlage)*.
Dem Streitverkündeten werden als Anlagen die Klageschrift vom 3. 1. 1997 und die Klageerwiderung vom 11. 3. 1997 zugestellt. Im Termin vom 21. 4. 1997 sind die Anträge gestellt worden. Das Gericht hat der Klägerin aufgegeben, zum Klageerwiderungsschriftsatz Stellung zu neh-

Nr. 9

men. Diese Stellungnahme ist mit dem Schriftsatz vom 15. 5. 1997 erfolgt, der dem Streitverkündeten gleichfalls als Anlage zugestellt wird. Neuer Termin zur Fortsetzung der mündlichen Verhandlung ist auf den 26. 6. 1997 um 9.00 Uhr vor dem Landgericht Hamburg, Zivilkammer 2, Sievekingplatz 1, 20355 Hamburg, Ziviljustizgebäude, Raum 801, anberaumt worden.

Scherff
(Dr. Scherff)
Rechtsanwältin

Nr. 10

Nr. 10. Antragsschrift im Ehescheidungsverfahren

Dr. Heinz Hagenborn 85055 Ingolstadt, 13. 4. 1997
Rechtsanwalt Nibelungenstr. 16

An das
Amtsgericht Ingolstadt
– Familiengericht –
85055 Ingolstadt

Antragsschrift[1]

Namens und im Auftrag von Frau Isabella Kurz, Ringseestr. 27, 85053 Ingolstadt,
wird unter Vorlage besonderer Vollmacht[2]

in Sachen

Isabella Kurz, Hausfrau, Ringseestr. 27, 85053 Ingolstadt,
– Antragstellerin –

Verfahrensbevollmächtigter: Rechtanwalt Dr. Heinz Hagenborn,
  Nibelungenstr. 16, 85055 Ingolstadt,

gegen

Hans-Georg Kurz, Psychotherapeut, Hangstr. 14, 85049 Ingolstadt,
– Antragsgegner –
wegen Ehescheidung u. a.
beantragt:[3]

  I. Die am 21. Oktober 1988 vor dem Standesamt Hildesheim (Heiratsregister 329/1988) geschlossene Ehe der Parteien wird geschieden.
  II. Das Sorgerecht für das gemeinschaftliche Kind Katharina, geboren am 4. 3. 1991, wird auf die Antragstellerin übertragen.
  III. Die Befugnis des Antragsgegners zum persönlichen Umgang mit dem Kind Katharina wird für dauernd ausgeschlossen.[4]
  IV. 1. Der Antragsgegner hat an die Antragstellerin erschöpfende Auskunft über die Höhe seines Einkommens im Jahre 1996 und im I. Quartal 1997 zu erteilen und die Vollständigkeit und Richtigkeit dieser Auskunft an Eides Statt zu versichern.[5]
    2. Der Antragsgegner wird verurteilt, an die Antragstellerin für diese selbst und für das gemeinschaftliche Kind Katharina,

geboren am 4. 3. 1991, einen sich nach dieser Auskunft ergebenden, monatlich im voraus zu zahlenden Unterhalt zu bezahlen.[6]
V. 1. Der Antragsgegner hat an die Antragstellerin erschöpfende Auskunft über die von ihm während der Ehe nachgezahlten und/oder angesparten bzw. eingezahlten oder sonst erworbenen Altersversorgungen zu erteilen und die Vollständigkeit und Richtigkeit dieser Auskunft an Eides Statt zu versichern.[7]
2. Die sich nach dieser Auskunft ergebenden, während der Ehe erworbenen Versorgungsanwartschaften werden hälftig auf die Antragstellerin übertragen.[8]
VI. 1. Der Antragsgegner hat an die Antragstellerin erschöpfende Auskunft über den Bestand seines heutigen Vermögens zu erteilen und die Vollständigkeit und Richtigkeit dieser Auskunft an Eides Statt zu versichern.[9]
2. Der Antragsgegner wird verurteilt, an die Antragstellerin den sich nach dieser Auskunft ergebenden Zugewinnausgleich zu bezahlen.
VII. Der Antragsgegner wird vorab – im Wege einstweiliger Anordnung[10] – verurteilt, an die Antragstellerin monatlich im voraus einen Unterhalt von 1.800,- DM und für das gemeinschaftliche Kind Katharina, geboren am 4. 3. 1991, an die Antragstellerin einen monatlich im voraus zu zahlenden Unterhalt von 800,- DM zu zahlen.
VIII. Der Antragsgegner wird vorab – im Wege einstweiliger Anordnung[10] – verurteilt, zu Händen des Verfahrensbevollmächtigten der Antragstellerin einen Prozeßkostenvorschuß von 4.500,- DM zu bezahlen.
IX. Der Antragsgegner trägt die Kosten des Verfahrens.

Begründung:

Zum Antrag I:
Die Antragstellerin, geb. am 16. 3. 1960 in Hildesheim, deutsche Staatsangehörige, hat mit dem am 27. 7. 1958 in München geborenen Antragsgegner am 21. 10. 1988 vor dem Standesamt Hildesheim die Ehe geschlossen. Auch der Antragsgegner ist deutscher Staatsangehöriger.
Beweis: Anliegende Heiratsurkunde
Aus dieser Ehe ist das am 4. 3. 1991 geborene Kind Katharina hervorgegangen.[11] Das Sorgerecht wurde für die Dauer des Getrenntlebens durch Beschluß des Amtsgerichts Ingolstadt vom 12. 5. 1995 der Antragstellerin übertragen.
Ein gemeinsamer Vorschlag zur Regelung der elterlichen Sorge kann nicht unterbreitet werden.[11]

Nr. 10

Folgen Ausführungen zur Zerrüttung der Ehe, Dauer des Getrenntlebens, Zustimmung des Antragsgegners zur Scheidung[12] oder Angabe der Gründe, die eine Fortsetzung der Ehe als unzumutbare Härte erscheinen lassen, je nachdem, ob der Scheidungsantrag auf § 1566 Abs. 1 oder Abs. 2 BGB oder auf § 1565 Abs. 2 BGB gestützt wird.

Zum Antrag II:
Folgen Ausführungen, aus welchen Gründen das Sorgerecht der Antragstellerin dem Wohl des Kindes am besten entspricht, § 1671 Abs. 2 BGB.

Zum Antrag III:
Folgen Ausführungen, aus welchen Gründen der Ausschluß der Befugnis des Antragsgegners zum persönlichen Umgang mit dem Kind zum Wohle des Kindes erforderlich ist, § 1634 Abs. 2 Satz 2 BGB.

Zum Antrag IV:
Folgen Ausführungen zu den vermuteten Einkünften des Antragsgegners und zur Schwierigkeit der Antragstellerin, Einblick in diese Einkünfte zu bekommen, sowie Angaben über die eigenen Einkünfte.

Zum Antrag V:
Folgen Ausführungen zu den vermuteten, während der Ehe erworbenen Versorgungsanwartschaften des Antragsgegners und Angaben über eigene, in dieser Zeit erworbene Versorgungsanwartschaften.

Zum Antrag VI:
Folgen Ausführungen zum vermuteten Vermögen des Antragsgegners zur Zeit der Beendigung des Güterstandes sowie zu seinem Anfangsvermögen und zum Anfangs- und Endvermögen der Antragstellerin.

Zum Antrag VII:
Folgen Ausführungen, warum der laufende Unterhalt gefährdet erscheint (etwa weil der Antragsgegner angekündigt hat, die Zahlungen einzustellen oder einzuschränken) und warum der begehrte Betrag angemessen ist.

Zum Antrag VIII:
Folgen Ausführungen, warum die Antragstellerin aus eigenen Mitteln die Prozeßkosten nicht aufbringen kann.

Zum Antrag IX:
Folgen Ausführungen zu § 93 a Abs. 1 Satz 2 ZPO.
Es wird beantragt, die gesamte Auseinandersetzung im Verbundverfahren (§ 623 ZPO) zu regeln. Familiensachen der in § 621 Abs. 1 ZPO bezeichneten Art sind nicht anderweitig anhängig.[11]

Ich bitte um Bestimmung eines möglichst nahen Termins zur mündlichen Verhandlung.

Hagenborn
(Dr. Hagenborn)
Rechtsanwalt

Anmerkungen

1. Vgl. § 622 ZPO.
2. Vgl. § 609 ZPO.
3. Die Anträge sind je nach Familien- und Ehesituation sehr unterschiedlich. Ein Katalog der möglichen Regelungsgegenstände findet sich in § 621 Abs. 1 Nr. 1–9 ZPO und bezüglich einstweiliger Anordnungen in § 620 Abs. 1 Nr. 1–9 ZPO. Die Stufenklagen (Anträge IV, V und VI) sind ebenfalls Familiensachen. Das Auskunftsverlangen ist zwar nicht die Regel, aber bei freiberuflich tätigen Antragsgegnern und längerem Getrenntleben der Ehegatten nicht selten.
   Der „Einheitsschriftsatz", wie ihn das Formular darstellt, ist für den Anwalt wohl schreibtechnisch und organisatorisch die einfachste Lösung. Er schafft bei Gericht aber vor allem dann, wenn Folgesachen aus dem Verbund gelöst werden, erhebliche Probleme in der Aktenführung; außerdem sind nach § 624 Abs. 4 ZPO Schriftsätze verfahrensbeteiligten Dritten nur auszugsweise mitzuteilen. Manche Familiengerichte wünschen daher Scheidungsantrag und Folgesachen-Anträge in je getrennten Schriftsätzen, andere Gerichte zwar die Zusammenfassung (mindestens aber Ankündigung) aller Anträge in einem einzigen Schriftsatz, aber gesondert einzureichende Begründungen. Geboten ist in jedem Fall wegen § 624 Abs. 4 ZPO die klare Zuordnung der Begründung zu den einzelnen Anträgen.
4. Dieser weitgehende Antrag wird nur ausnahmsweise Erfolg haben; es empfehlen sich daher Hilfsanträge zur konkreten Gestaltung des persönlichen Umgangsrechts nach Zeit und Ort.
5. Vgl. Palandt, § 1353 RdNr. 15; zum Umfang vgl. §§ 259, 260 BGB. Zur eidesstattlichen Versicherung vgl. § 262 BGB.
6. Vgl. § 1629 Abs. 3 BGB.
7. Vgl. §§ 1587 e, 1580 BGB.
8. Der Antrag bezieht sich auf einen Fall der §§ 1587 a Abs. 1, 1587 b Abs. 1 BGB. Für Beamtenpensionen und betriebliche Altersversorgungen (§ 1587 b Abs. 2 und 3 BGB) wäre der Antrag anders zu fassen (vgl. Palandt, Anm. zu § 1587 b BGB), ebenso bei anderer Durchführung des Versorgungsausgleichs (§§ 1587 g, 1587 o, 1587 b Abs. 4 BGB). Vgl. auch das Gesetz zur Regelung von Härten im Versorgungsausgleich (VAHRG) v. 21. 2. 1983 (BGBl I S. 105), bei Palandt abgedruckt als Anh. III zu § 1587 b BGB.
9. Vgl. §§ 1372 ff. BGB.
10. Weitere Gegenstände einstweiliger Anordnung: § 620 ZPO.
11. Zwingend vorgeschriebene Angabe: § 622 Abs. 2 ZPO.
12. Im Falle der einverständlichen Scheidung (§ 1566 Abs. 1 BGB) sind die Angaben nach § 630 Abs. 1 Nr. 1–3 ZPO erforderlich. Die Anträge II, III und IV entfallen. Die Anträge V und VI werden besser über § 628 ZPO aus dem Verbund gelöst, um die beiderseits gewünschte Scheidung nicht zu verzögern.

Nr. 11

Nr. 11. Beweisbeschluß

Landgericht Lüneburg
Az: 13 O 187/97

In Sachen
Hans Henschel, Kaufmann, Bachstr. 5, 21337 Lüneburg,
– Kläger –

Prozeßbevollmächtigter: Rechtsanwalt Dr. Lohse, Meisenstr. 50,
21337 Lüneburg,

gegen

Ludwig Quaden, Regierungsrat, Jahnring 16, 21335 Lüneburg
– Beklagter –

Prozeßbevollmächtigte: Rechtsanwälte Dres. Thießen und Lemm, Marktplatz 1, 21335 Lüneburg,

erläßt das Landgericht Lüneburg, Zivilkammer 13, durch Vorsitzende Richterin am Landgericht Mundt, Richter am Landgericht Mader und Richter Dr. Hofstädter auf Grund der mündlichen Verhandlung vom 21. 4. 1997 (*oder:* im schriftlichen Verfahren, in dem Schriftsätze bis zum ... eingereicht werden konnten; *oder:* nach Lage der Akten am ...)[1] folgenden

Beschluß:[2]

I. Es ist Beweis zu erheben über die Behauptungen des Klägers,
   1. ...
   2. ...
   durch Vernehmung der Zeugen
   a) Karl Hofer, Magdeburger Str. 14, Lüneburg, zu 1) und 2),
   b) Norbert Hell, Hochstr. 112, Lüneburg, zu 2).
II. Es ist Beweis zu erheben über die Behauptung des Beklagten,
   ...
   durch Vernehmung des Zeugen
   Karl-Heinz Müller, Kolberger Str. 18, Lüneburg.
III. Die Ladung der Zeugen wird davon abhängig gemacht, daß die Parteien binnen drei Wochen bei Gericht einen Auslagenvorschuß von je 120,– DM für jeden von ihnen benannten Zeugen einzahlen oder Entschädigungsverzichtserklärungen der Zeugen einreichen.[3]

Nr. 11

IV. Termin zur Beweisaufnahme und Fortsetzung der mündlichen Verhandlung wird bestimmt auf
Dienstag, den 20. Juni 1997, um 9.00 Uhr,
im Zimmer 113 des Landgerichtsgebäudes.
V. Das persönliche Erscheinen des Klägers und des Beklagten zu diesem Termin wird angeordnet.[4]

Mundt	*Mader*	*Hofstädter*
(Mundt)	(Mader)	(Dr. Hofstädter)

Anmerkungen

1. § 329 ZPO enthält keine Vorschrift über das Rubrum; § 313 ZPO wird nicht für entsprechend anwendbar erklärt. Deshalb ist bei vielen Gerichten für Beweisbeschlüsse folgendes gekürzte Rubrum üblich:

LG Lüneburg
Az. 13 O 187/97

In dem Rechtsstreit

Hans Hentschel	./.	Ludwig Quaden
(RA. Dr. Lohse)		(Rae. Dr. Theißen u. Koll.)

erläßt das LG Lüneburg – Zivilkammer 13 – folgenden

Beweisbeschluß

2. Das Gericht kann auch schon vor der mündlichen Verhandlung einen Beweisbeschluß erlassen und ausführen (§ 358 a ZPO).
3. Vgl. § 379 ZPO.
4. Nicht zwingend, aber oft zweckmäßig, § 141 ZPO.

Nr. 12

Nr. 12. Urteil erster Instanz

Landgericht Frankfurt/Main
Az: 1 O 1575/96

Im Namen des Volkes

In dem Rechtsstreit

Fa. Georg Nell, Baumaschinen GmbH, Fichtestr. 27, 60316 Frankfurt/Main,
gesetzlich vertreten durch ihren Geschäftsführer Franz Gebhard, Fichtestr. 27, 60316 Frankfurt/Main,
– Klägerin –
Prozeßbevollmächtigter: Rechtsanwalt Dr. Paul Fechter, Hauptwache 3, 60313 Frankfurt/Main,

gegen

Hans Ludwig, Kaufmann, Bremer Str. 25, 60323 Frankfurt/Main,
– Beklagter –
Prozeßbevollmächtigter: Rechtsanwalt Dr. Kurt Scharf, Gellertstr. 54, 60389 Frankfurt/Main,

wegen Kaufpreisforderung

erläßt das Landgericht Frankfurt/Main, 1. Zivilkammer, durch Vorsitzenden Richter am Landgericht Dr. Stamm und die Richter am Landgericht Dr. Berner und Weiß (*oder:* Richter am Landgericht Dr. Berner als Einzelrichter) auf Grund der mündlichen Verhandlung vom 16. 4. 1997 (*oder:* im schriftlichen Verfahren, in dem Schriftsätze bis zum ... eingereicht werden konnten; *oder:* nach Lage der Akten am ...) folgendes

Endurteil:[1,2]

I. Der Beklagte wird verurteilt, an die Klägerin 9.000,– DM (i. W. neuntausend Deutsche Mark) nebst 5% Zinsen hieraus seit 1. 9. 1995 zu zahlen. Im übrigen wird die Klage abgewiesen.

II. Von den Kosten des Rechtsstreits hat der Beklagte ¾, die Klägerin ¼ zu tragen.

III. Das Urteil ist vorläufig vollstreckbar, für die Klägerin jedoch nur gegen Sicherheitsleistung in Höhe von 11.500,– DM. Die Klägerin kann die Vollstreckung durch Sicherheitsleistung von 520,– DM abwenden, wenn nicht der Beklagte vor der Vollstreckung Sicherheit in gleicher Höhe leistet.[3]

Tatbestand:[4]

1. *Unstreitiger Sachverhalt (Imperfekt)*
2. *Die bestrittenen Tatsachenbehauptungen des Klägers und die Andeutung seiner Rechtsansichten (Präsens, indirekte Rede)*[5]
3. *Die Prozeßgeschichte, soweit sie auf die Anträge der Parteien von Einfluß gewesen ist (Verweisung des Rechtsstreits an ein anderes Gericht, vorangegangenes Versäumnisurteil, Teil- oder Vorbehaltsurteil u. ä.) (Imperfekt)*
4. *Die zuletzt gestellten Anträge des Klägers und des Beklagten (Präsens)*
   – hervorgehoben! –
5. *Verteidigungsvorbringen des Beklagten bestehend aus Tatsachenvortrag und kurzen Rechtsausführungen (Präsens, indirekte Rede)*[5]
6. *Gegebenenfalls Erwiderung des Klägers und des Beklagten (Präsens)*[5]
7. *Prozeßgeschichte, soweit sie noch für die Entscheidung erheblich ist, insbes. Beweisbeschlüsse und Beweisergebnis in der Form der Bezugnahme auf Sitzungsprotokolle. (Perfekt)*

Entscheidungsgründe:

1. *Zulässigkeit der Klage*
2. *Begründetheit der Klage*
3. *Kostenentscheidung*
4. *Entscheidung über die vorläufige Vollstreckbarkeit.*

Stamm	Berner	Weiß
(Dr. Stamm)	(Dr. Berner)	(Weiß)
Vors. Richter am LG	Richter am LG	Richter am LG

oder im Fall des § 348 ZPO:

Berner
(Dr. Berner)
Richter am Landgericht

Anmerkungen

1. Beispiele für Urteilsformeln

A. Entscheidung über Hauptantrag

  a) Das Leistungsurteil
  I. Der Beklagte wird verurteilt, an den Kläger 15.000,– DM nebst 4% Zinsen hieraus seit 1. 6. 1994 zu bezahlen.

  b) Das Feststellungsurteil
  I. Es wird festgestellt, daß zwischen den Parteien am 15. 5. 1982 ein wirksamer Erbvertrag geschlossen wurde.

Nr. 12

    c) Das Gestaltungsurteil
        I. Der Beklagte wird aus der Fa. Karl Müller OHG als Gesellschafter ausgeschlossen.
        oder
        I. Die Zwangsvollstreckung aus dem Endurteil des Amtsgerichts München vom 20. 1. 1995 (Az: 5 C 162/95) wird für unzulässig erklärt.

B. Entscheidung über die Kosten des Rechtsstreits
   (s. auch Thomas-Putzo, Anm. zu §§ 91 ff. ZPO).
    a) Erfolglose Klage (§ 91 ZPO)
        II. Der Kläger hat die Kosten des Rechtsstreits zu tragen.
    b) Teilunterliegen (§ 92 ZPO)
        II. Die Kosten des Rechtsstreits werden gegeneinander aufgehoben.
        oder:
        II. Von den Kosten des Rechtsstreits hat der Beklagte 3/5, der Kläger 2/5 zu tragen. *(Die Kostenquote kann auch in % ausgedrückt werden.)*
    c) Haftung nach Bruchteilen und bei Gesamtschuldverhältnis (§ 100 Abs. 1 und 4 ZPO)
        II. Die Beklagten haben die Kosten des Rechtsstreits zu tragen.
    d) Unterschiedlicher Erfolg mehrerer Streitgenossen (§§ 91, 92 ZPO entspr.)
        Fall: der Beklagte zu 1 obsiegt, der Beklagte zu 2 unterliegt ganz:
        II. Die Gerichtskosten tragen der Kläger und der Beklagte zu 2 je zur Hälfte. Die außergerichtlichen Kosten des Beklagten zu 1 trägt der Kläger, die des Klägers trägt zur Hälfte der Beklagte zu 2.
        Fall: die Beklagten zu 1 und 2 werden verurteilt, die Klage gegen den Beklagten zu 3 wird abgewiesen:
        II. Von den Gerichtskosten tragen 2/3 die Beklagten zu 1 und 2, der Kläger 1/3. Der Kläger trägt die außergerichtlichen Kosten des Beklagten zu 3. Die Beklagten zu 1 und 2 tragen 2/3 der außergerichtlichen Kosten des Klägers.
    e) Erfolglose Klage nach Wiedereinsetzung in den vorigen Stand für den Beklagten,
        Fall des § 238 Abs. 4 ZPO
        II. Die Kosten des Rechtsstreits hat der Kläger zu tragen mit Ausnahme derjenigen Kosten, die durch die Wiedereinsetzung in den vorigen Stand entstanden sind; diese Kosten hat der Beklagte zu tragen.
    f) Nebenintervention (§ 101 Abs. 1 ZPO)
        Fall: Der Nebenintervenient hat den Beklagten unterstützt; der Kläger obsiegt zu 1/3:
        II. Der Kläger trägt die Kosten des Rechtsstreits und der Streithilfe zu je 2/3, der Beklagte die des Rechtsstreits zu 1/3, der Nebenintervenient die der Streithilfe zu 1/3.

C. Entscheidung über die vorläufige Vollstreckbarkeit
    a) Ohne Sicherheitsleistung vorläufig vollstreckbare Urteile (§ 708 ZPO)
        III. Das Urteil ist vorläufig vollstreckbar (§ 708 Nr. 1–3 oder § 713 ZPO)
        oder:
        III. Das Urteil ist vorläufig vollstreckbar. Der Beklagte kann die Vollstreckung durch Sicherheitsleistung in Höhe von 400,– DM abwen-

den, falls nicht der Kläger vor der Vollstreckung Sicherheit in gleicher Höhe leistet *(§§ 708 Nr. 4–11, 711 ZPO)*
b) Gegen Sicherheitsleistung vorläufig vollstreckbare Urteile (§ 709 ZPO oder § 712 Abs. 2 Satz 2 ZPO)
III. Das Urteil ist gegen Sicherheitsleistung in Höhe von 5.100,- DM vorläufig vollstreckbar.
Die Bestimmung von Art und Höhe der Sicherheitsleistung steht unter Berücksichtigung von § 717 Abs. 2 ZPO im freien Ermessen des Gerichts (§ 108 ZPO). Die Sicherheit umfaßt Hauptsache, Zinsen, vorgeschossene Gerichtskosten und Auslagen der Beweisaufnahme sowie die notwendigen außergerichtlichen Kosten, insbesondere Anwaltskosten, der vollstreckenden Partei.
c) Teilunterliegen; jeder Teil ist für sich zu behandeln, also im Fall des § 709 ZPO
III. Das Urteil ist vorläufig vollstreckbar, für den Kläger gegen Sicherheitsleistung in Höhe von 10.000,- DM, für den Beklagten gegen eine solche in Höhe von 2.800,- DM.

2. Beispiele für Urteilsformeln in besonderen Urteilsarten

A. Urteil auf Klage und Widerklage

I. Der Beklagte wird verurteilt, an den Kläger 5.000,- DM zu zahlen.
II. Die Widerklage wird abgewiesen.
III. Der Beklagte hat die Kosten des Rechtsstreits zu tragen.
IV. Das Urteil ist gegen Sicherheitsleistung in Höhe von 7.500,- DM vorläufig vollstreckbar.

B. Urteil bei Klagenhäufung

a) Objektive Klagenhäufung (kumulativ, alternativ, eventual)
Fall: Hauptantrag unbegründet, Hilfsantrag begründet:
I. Der Beklagte wird verurteilt, an den Kläger einen fabrikneuen Pkw Marke VW Golf GTI zu übereignen. Im übrigen wird die Klage abgewiesen.
II. Von den Kosten des Rechtsstreits hat der Beklagte $3/8$, der Kläger $5/8$ zu tragen.
III. ... (vorläufige Vollstreckbarkeit) ...

b) Subjektive Klagenhäufung
Fall: Der Beklagte zu 1 unterliegt, der Beklagte zu 2 obsiegt:
I. Der Beklagte zu 1 wird verurteilt, an den Kläger 800,- DM zu zahlen. Im übrigen wird die Klage abgewiesen.
II. Die Gerichtskosten tragen der Kläger und der Beklagte zu 1 je zur Hälfte. Die außergerichtlichen Kosten des Beklagten zu 2 trägt der Kläger, die des Klägers trägt zur Hälfte der Beklagte zu 1.
III. ... (vorl. Vollstreckbarkeit, vgl. §§ 708 Nr. 11, 711 ZPO) ...

C. Verzichtsurteil (§ 306 ZPO)

I. Der Kläger wird mit dem geltend gemachten Anspruch abgewiesen.
II. Der Kläger hat die Kosten des Rechtsstreits zu tragen.
III. ... (vorl. Vollstreckbarkeit, vgl. § 708 Nr. 1) ...

Nr. 12

D. Versäumnisurteil (§§ 330 ff. ZPO)

a) Säumnis des Beklagten:
- Klage ist zulässig und schlüssig, Fall des § 331 Abs. 2 Halbsatz 1 ZPO (sog. erstes Versäumnisurteil):

   Versäumnisurteil:
   Urteilsformel wie oben 1. A

- Klage ist nicht zulässig oder nicht schlüssig, Fall des § 331 Abs. 2 Halbsatz 2 ZPO (sog. unechtes Versäumnisurteil)

   Endurteil:
   I. Die Klage wird abgewiesen.
   II. Der Kläger trägt die Kosten des Rechtsstreits.
   III. ... (vorl. Vollstreckbarkeit nach §§ 708 Nr. 11, 711 oder § 709 Satz 1 ZPO) ...

b) Säumnis des Klägers, Fall des § 330 ZPO:

   Versäumnisurteil:
   I. Die Klage wird abgewiesen.
   II. Der Kläger trägt die Kosten des Rechtsstreits.
   III. Das Urteil ist vorläufig vollstreckbar.

c) Einspruch gegen Versäumnisurteil (§§ 338 ff. ZPO):

   (1) Der Einspruch ist nicht zulässig, Fall des § 341 ZPO

   Endurteil:
   I. Der Einspruch des Beklagten gegen das Versäumnisurteil vom 17. 3. 1997 wird als unzulässig verworfen.
   II. Der Beklagte trägt die weiteren Kosten des Rechtsstreits.
   III. Das Urteil ist vorläufig vollstreckbar.

   (2) Der Einspruch ist zulässig

   (a) Der Einspruchsführer ist im Einspruchstermin erneut säumig und die Klage ist zulässig und schlüssig (vgl. Thomas-Putzo, § 345 RdNr. 4), Fall des § 345 ZPO (sog. zweites Versäumnisurteil):

   Versäumnisurteil:
   I. Der Einspruch des Beklagten gegen das Versäumnisurteil vom 17. 3. 1997 wird verworfen.
   II. Der Beklagte trägt die weiteren Kosten des Rechtsstreits.
   III. Das Urteil ist vorläufig vollstreckbar.

   (b) Es wird streitig verhandelt, aber inhaltlich gleiches Ergebnis wie Versäumnisurteil (§ 343 Satz 1 ZPO): – Fall: Das Versäumnisurteil verurteilte den Beklagten zur Zahlung von 4.000,– DM –

   Endurteil:
   I. Das Versäumnisurteil vom 17. 3. 1997 wird aufrechterhalten.
   II. Der Beklagte hat die weiteren Kosten des Rechtsstreits zu tragen.
   III. Das Urteil ist gegen Sicherheitsleistung von DM 5.000,– vorläufig vollstreckbar. Die Zwangsvollstreckung aus dem Versäumnisurteil darf nur fortgesetzt werden, wenn diese

Sicherheit geleistet ist. *(Vgl. § 709 Satz 1 und 2 ZPO, Thomas-Putzo, § 709 RdNr. 5 u. 6)*
(c) Es wird streitig verhandelt – mit inhaltlich teilweise anderem Ergebnis als Versäumnisurteil (§ 343 Satz 2 ZPO): – Fall: Das Versäumnisurteil verurteilte den Beklagten zur Zahlung von 10.000,- DM –

Endurteil:
I. Das Versäumnisurteil vom 17. 3. 1997 wird aufrechterhalten, soweit der Beklagte verurteilt worden ist, an den Kläger 5.000,- DM nebst 4% Zinsen hieraus seit 1. 9. 1995 zu zahlen.
II. Im übrigen wird das Versäumnisurteil vom 17. 3. 1997 aufgehoben und die Klage abgewiesen.
III. Der Beklagte trägt die Kosten seiner Säumnis *(nur unter den Voraussetzungen des § 344 ZPO);* die übrigen Kosten werden gegeneinander aufgehoben.
IV. ... (vorl. Vollstreckbarkeit nach § 709 Satz 1 und 2 ZPO) ...

(d) Es wird streitig verhandelt mit inhaltlich anderem Ergebnis als Versäumnisurteil: – Fall eines Versäumnisurteils gegen den Kläger –
I. Das Versäumnisurteil vom 17. 3. 1997 wird aufgehoben.
II. Der Beklagte wird verurteilt, an den Kläger den Pkw Marke VW, Fahrgestell Nr. 270134, herauszugeben.
III. Der Kläger trägt die Kosten seiner Säumnis *(nur unter den Voraussetzungen des § 344 ZPO),* die übrigen Kosten trägt der Beklagte.
IV. Das Urteil ist gegen Sicherheitsleistung in Höhe von 2.500,- DM vorläufig vollstreckbar.

E. Vorbehaltsurteil
a) gemäß § 302 ZPO:

Vorbehaltsurteil
I. Der Beklagte wird verurteilt, an den Kläger 3.000,- DM nebst 4% Zinsen seit 1. 1. 1995 zu zahlen.
II. Die Entscheidung über die Aufrechnung des Beklagten mit dessen Gegenforderung aus dem Kaufvertrag vom 10. 3. 1994 bleibt vorbehalten.
III. Der Beklagte hat die Kosten des Rechtsstreits zu tragen.
IV. Das Urteil ist gegen Sicherheitsleistung in Höhe von 3.700,- DM vorläufig vollstreckbar.

Das Endurteil im Nachverfahren lautet dann z. B.:
(1) wenn die Aufrechnung begründet ist:

Endurteil
I. Das Vorbehaltsurteil vom 25. 4. 1997 wird aufgehoben.
II. Die Klage wird abgewiesen.
III. Der Kläger hat die Kosten des Rechtsstreits zu tragen.
IV. ... (vorl. Vollstreckbarkeit nach §§ 708 Nr. 11, 711 oder § 709 Satz 1 ZPO) ...

(2) wenn die Aufrechnung unbegründet ist:

Nr. 12

Endurteil
I. Das Vorbehaltsurteil vom 25. 4. 1997 wird aufrechterhalten; der Vorbehalt fällt weg.
II. Der Beklagte hat die weiteren Kosten des Rechtsstreits zu tragen.
III. ... (vorl. Vollstreckbarkeit nach §§ 708 Nr. 11, 711 oder § 709 Satz 1 ZPO) ...

b) gemäß § 599 ZPO:

Vorbehaltsurteil
I. Der Beklagte wird verurteilt, an den Kläger 1.000,- DM nebst 4% Zinsen hieraus seit 1. 1. 1996 zu zahlen.
II. Der Beklagte hat die Kosten des Rechtsstreits zu tragen.
III. Das Urteil ist vorläufig vollstreckbar. Der Beklagte kann die Vollstreckung durch Sicherheitsleistung von ... abwenden, wenn nicht der Kläger vor der Vollstreckung Sicherheit in gleicher Höhe leistet. *(Vgl. §§ 708 Nr. 4, 711 ZPO)*
IV. Dem Beklagten wird die Ausführung seiner Rechte vorbehalten.

Das Endurteil im Nachverfahren entspricht a) mit der Maßgabe, daß § 708 Nr. 5 ZPO zu beachten ist.

F. Grundurteil (§ 304 ZPO)
Der Anspruch des Klägers auf Ersatz seines Schadens aus dem Verkehrsunfall vom 21. 1. 1994 gegen den Beklagten ist dem Grunde nach gerechtfertigt *Oder:* ... zu ²/₃ gerechtfertigt.

G. Zwischenurteil

a) gemäß § 71 ZPO
Der Beitritt des Franz Deinhard als Nebenintervenient auf seiten des Beklagten ist zulässig.
Oder:
I. Die Nebenintervention des Franz Deinhard wird als unzulässig zurückgewiesen.
II. Die Kosten des Zwischenstreits hat der Streithelfer zu tragen.

b) gemäß § 303 ZPO
Der am 20. 4. 1996 von den Parteien geschlossene Prozeßvergleich ist unwirksam.

H. Abänderungsurteil (§ 323 ZPO)
I. Das Urteil des Amtsgerichts München vom 25. 6. 1990 (Az: 13 C 1027/90) wird mit Wirkung vom 1. Juli 1996 dahin abgeändert, daß der Beklagte an Stelle einer monatlichen Unterhaltsrente von 200,- DM an den Kläger eine solche von 300,- DM monatlich im voraus zu zahlen hat.
II. Der Beklagte hat die Kosten des Rechtsstreits zu tragen.
III. Das Urteil ist vorläufig vollstreckbar. *(Vgl. §§ 708 Nr. 8, 711 Satz 2, 710 ZPO bei entsprechendem Antrag.)*

J. Urteil in Familiensachen
I. Die am 10. 5. 1975 vor dem Standesbeamten in Würzburg geschlossene Ehe der Parteien wird geschieden.

II. *Ausspruch über Folgesachen* (vgl. Nr. 10)
III. Die Kosten des Verfahrens werden gegeneinander aufgehoben.
Oder:
I. Der Scheidungsantrag wird abgewiesen.
II. *Evtl.* Dem Antragsteller bleibt vorbehalten, den Antrag ... *(Folgesache)* ... als selbständige Familiensache fortzusetzen. *(Vgl. § 629 Abs. 3 Satz 2 ZPO)*
III. Der Antragsteller trägt die Kosten des Verfahrens.

3. Vgl. § 711 ZPO, aber auch § 713 ZPO.

4. Zum Tatbestand

Der Tatbestand soll knapp und aufs Wesentliche beschränkt dargestellt werden; Bezugnahmen auf Schriftsätze, Protokolle und andere Unterlagen dienen der Entlastung des Tatbestandes; vgl. § 313 Abs. 2 ZPO. Zum Aufbau vgl. Thomas-Putzo, § 313 RdNr. 12 ff.

5. Formulierung des Parteivorbringens

Tatsachen werden *behauptet, vorgebracht, vorgetragen, geltend gemacht u. s. w.* Rechtsausführungen werden bezeichnet mit den Verben *meinen, folgern, der Ansicht sein, ausführen, die Auffassung vertreten u. s. w.*

Nr. 13

c) Rechtsmittelverfahren

Nr. 13. Berufungsschrift

Dr. Regina Müller-Leitner 94032 Passau, 17. 5. 1997
Rechtsanwältin Nibelungenstr. 23

An das
Landgericht Passau[1]
– Zivilkammer –

In Sachen
Kurt Wagner, Rentner, Webergasse 23, 94032 Passau,
– Kläger und Berufungsbeklagter –
Prozeßbevollmächtigter: Rechtsanwalt Max Weiß, Augustinergasse 1,
  94032 Passau,

gegen

Dieter Fischer, Kaufmann, Hauptstraße 5, 94116 Hutthurm,
– Beklagter und Berufungskläger –
Prozeßbevollmächtigter 1. Instanz: Rechtsanwalt Dr. Jörg Hausmann,
  Innstr. 4, 94032 Passau,

wegen Werklieferung

lege ich namens des Beklagten und Berufungsklägers gegen das in beglaubigter Abschrift beigefügte[2] Endurteil des Amtsgerichts Passau vom 24. 4. 1997 – 2 C 123/97 –, zugestellt am 29. 4. 1997,

Berufung

zum Landgericht Passau ein.
Müller-Leitner
(Dr. Müller-Leitner)
Rechtsanwältin

Anmerkungen
1. Adressat ist stets das Berufungsgericht, § 518 Abs. 1 ZPO.
2. Nach § 518 Abs. 3 ZPO soll eine Ausfertigung oder beglaubigte Abschrift des angefochtenen Urteils beigefügt werden.

Nr. 14. Berufungsbegründung

Dr. Regina Müller-Leitner
Rechtsanwältin

94032 Passau, 10. 6. 1997
Nibelungenstr. 23

An das
Landgericht Passau
– Zivilkammer –

Berufungsbegründung

in Sachen Wagner . /. Fischer
1 S 138/97
zu AG Passau – 2 C 123/97 –

Beschwerdewert: 2.875,– DM

In vorbezeichneter Sache stelle ich den Antrag:
I. Das Urteil des Amtsgerichts Passau vom 24. 4. 1997 wird aufgehoben.
II. Die Klage wird abgewiesen.
III. Der Kläger hat die Kosten beider Rechtszüge zu tragen.[1,2]

Begründung:

Ausführungen mit bestimmter Bezeichnung der Berufungsgründe in konkreter Auseinandersetzung mit den Gründen des angefochtenen Urteils, der Beweismittel bzw. Beweiseinreden sowie etwaiger neuer Tatsachen, wobei zugleich anzugeben ist, weshalb die Tatsachen ohne Verschulden erst im Berufungsverfahren vorgetragen werden (vgl. § 528 Abs. 2 ZPO). Es genügt nicht die allgemeine Bezugnahme auf die Schriftsätze des ersten Rechtszugs, vielmehr muß der Berufungsangriff im einzelnen vorgetragen und unter Beweis gestellt werden.

Müller-Leitner
(Dr. Müller-Leitner)
Rechtsanwältin

Anmerkungen

1. Bei Berufungen zum Landgericht sind Anträge zur vorläufigen Vollstreckbarkeit oder Vollstreckungsschutzanträge verfehlt, weil Berufungsurteile der Landgerichte keinem Rechtsmittel unterliegen, also sofort rechtskräftig werden.
2. Bei Berufungen zum Oberlandesgericht kommen Anordnungen nach § 711 ZPO wegen § 708 Nr. 10 ZPO in Betracht, sofern gegen das Urteil des OLG Revision statthaft sein wird, so daß Anträge nach §§ 711 Satz 2, 710, 712 ZPO sinnvoll sein können. Im übrigen ist § 713 ZPO zu beachten.

Nr. 15

Nr. 15. Berufungsurteil

Oberlandesgericht München
Az: 5 U 4137/96
22 O 31077/96 LG München I

Im Namen des Volkes

In dem Rechtsstreit

Kurt Schell, Viehhändler, Bergstr. 27, 82362 Weilheim,
– Kläger und Berufungsbeklagter –
Prozeßbevollmächtigter: Rechtsanwalt Dr. Hubert Meier,
Neuhauserstr. 20, 80331 München,

gegen

Georg Wimmer, Kaufmann, Ludwigstr. 39, 80539 München,
– Beklagter und Berufungskläger –
Prozeßbevollmächtigter: Rechtsanwalt Dr. Kurt Hermann,
Sophienstr. 7, 80333 München,

wegen Kaufpreisforderung

erläßt das Oberlandesgericht München, 5. Zivilsenat, durch den Vorsitzenden Richter am Oberlandesgericht Dr. Kraft und die Richter am Oberlandesgericht Hinz und Mühlmann auf Grund der mündlichen Verhandlung vom 10. 4. 1997 (*oder:* im schriftlichen Verfahren, in dem Schriftsätze bis zum 10. 4. 1997 eingereicht werden konnten; *oder:* nach Lage der Akten am 10. 4. 1997) folgendes

Endurteil:[1]

I. Die Berufung des Beklagten gegen das Endurteil des Landgerichts München I vom 4. 10. 1996 wird zurückgewiesen.
II. Der Beklagte hat die Kosten des Berufungsverfahrens zu tragen.
III. Die Beschwer wird auf 31.500,– DM festgesetzt.[2]
IV. Die Revision zum Bundesgerichtshof wird zugelassen.[3]
V. Das Urteil ist vorläufig vollstreckbar; der Beklagte kann die Vollstreckung gegen Sicherheitsleistung von ... DM abwenden, wenn nicht der Kläger vor der Vollstreckung Sicherheit in gleicher Höhe leistet (*vgl. §§ 708 Nr. 10, 711 ZPO*).

Nr. 15

Tatbestand:[4]

Für den Aufbau gibt es zwei Methoden: die historische Methode und die Vereinigungsmethode, die den Prozeßstoff beider Instanzen als Einheit zusammenfaßt. Nachfolgend wird die übliche historische Methode dargestellt:

1. *Unstreitiger Sachverhalt (Falls sich in der zweiten Instanz noch Unstreitiges herausstellt, ist dieses miteinzubeziehen; Imperfekt)*
2. *Streitiger Tatsachenvortrag des Klägers in 1. Instanz (Perfekt)*
3. *Klageantrag erster Instanz (Perfekt)*
4. *Antrag des Beklagten in erster Instanz (Perfekt)*
5. *Verteidigungsvorbringen des Beklagten in 1. Instanz (Perfekt)*
6. *Gegebenenfalls Erwiderung des Klägers und des Beklagten in 1. Instanz (Perfekt)*
7. *Prozeßgeschichte erster Instanz (Perfekt)*
8. *Entscheidung erster Instanz; Verkündungsdatum und Urteilsformel mit dem Kern der Entscheidungsgründe (Perfekt)*
9. *Bericht über die Förmlichkeiten der Berufungseinlegung (Perfekt)*
10. *Neuer Vortrag des Berufungsklägers (Gegenwart)*
11. *Antrag des Berufungsklägers (durch Einrücken hervorheben, Gegenwart)*
12. *Antrag des Berufungsbeklagten (durch Einrücken hervorheben; Gegenwart)*
13. *Neuer Vortrag des Berufungsbeklagten (Gegenwart)*
14. *Gegebenenfalls Erwiderung des Berufungsklägers und des Berufungsbeklagten (Gegenwart)*
15. *Prozeßgeschichte (Beweisanordnung und Ergebnis der Beweisaufnahme zweiter Instanz in der Form der Bezugnahme auf Sitzungsprotokolle; Perfekt)*

Entscheidungsgründe:

1. *Zulässigkeit der Berufung*
2. *Begründetheit der Berufung:*
   a) Zulässigkeit der Klage, soweit problematisch
   b) Begründetheit der Klage
3. *Kostenentscheidung, Festsetzung der Beschwer, evtl. Zulassung der Revision*
4. *Entscheidung über die vorläufige Vollstreckbarkeit.*

Kraft	*Hinz*	*Mühlmann*
(Dr. Kraft)	(Hinz)	(Mühlmann)
Vors. Richter		Richter
	am Oberlandesgericht	

Nr. 15

Anmerkungen

1. **Beispiele für Urteilsformeln**

   A. OLG-Urteile

   a) Die Berufung ist unzulässig:
   I. Die Berufung des Klägers gegen das Urteil des Landgerichts Mannheim vom 11. 4. 1996 wird verworfen.
   II. Der Kläger hat die Kosten des Berufungsverfahrens zu tragen.
   III. Die Beschwer wird auf 17.500,– DM festgesetzt. *(Über Revisionszulassung ist nicht zu entscheiden, vgl. § 547 ZPO)*
   IV. Das Urteil ist vorläufig vollstreckbar. Dem Kläger wird gestattet ... *(vgl. § 711 ZPO)*

   b) Die Berufung ist unbegründet:
   I. Die Berufung des Klägers gegen das Urteil des Landgerichts Mannheim vom 11. 4. 1996 wird zurückgewiesen.
   II. Der Kläger hat die Kosten des Berufungsverfahrens zu tragen.
   III. Die Beschwer wird auf 17.500,– DM festgesetzt.
   IV. Die Revision zum Bundesgerichtshof wird zugelassen.
   V. Das Urteil ist vorläufig vollstreckbar. Dem Kläger wird gestattet ... *(vgl. § 711 ZPO)*
   Entfällt Ziffer IV, entfällt auch Ziffer V Satz 2, vgl. § 713 ZPO.

   c) Die Berufung ist begründet:
   Die Urteilsformel besteht hier aus einer aufhebenden Entscheidung und aus einer Zurückverweisung oder einer ersetzenden Entscheidung.
   Fall des § 538 ZPO:
   I. Auf die Berufung des Klägers wird das Urteil des Landgerichts Deggendorf vom 12. 4. 1996 aufgehoben.
   II. Die Sache wird zur anderweitigen Verhandlung und Entscheidung – auch über die Kosten des Berufungsverfahrens – an das Landgericht Deggendorf zurückverwiesen.
   III. Die Beschwer der Parteien wird auf je 65.347,– DM festgesetzt.
   IV. Das Urteil ist vorläufig vollstreckbar *(wegen § 775 Nr. 1 ZPO; vgl. BGH JZ 1977, 232, 233 u. OLG München MDR 1982, 238).*

   Oder:
   Fall des § 539 ZPO:
   I. Auf die Berufung des Beklagten wird das Urteil des Landgerichts Deggendorf vom 12. 1. 1996 samt dem ihm zugrundeliegenden Verfahren aufgehoben.
   II. Die Sache wird zur anderweitigen Verhandlung und Entscheidung – auch über die Kosten des Berufungsverfahrens – an das Landgericht Deggendorf zurückverwiesen.
   III. Die Beschwer der Parteien wird auf je 75.000,– DM festgesetzt.
   IV. Das Urteil ist vorläufig vollstreckbar.

   Oder:
   I. Auf die Berufung des Beklagten wird das Urteil des Landgerichts Deggendorf vom 12. 1. 1996 aufgehoben.
   II. Die Klage wird abgewiesen.
   III. Der Kläger hat die Kosten beider Rechtszüge zu tragen.
   IV. Die Beschwer wird auf 73.225,– DM festgesetzt.

V. Das Urteil ist vorläufig vollstreckbar. Der Kläger kann ... *(vgl. §§ 708 Nr. 10, 711 ZPO)*

c) Die Berufung ist teilweise begründet:
Fall: Der Kläger hatte 15.000,– DM begehrt. Das Landgericht sprach ihm 10.000,– DM zu und wies die Klage im übrigen ab. Mit Berufung begehrt der Kläger weitere 5.000,– DM, obsiegt aber nur bezüglich weiterer 2.500,– DM:
  I. Auf die Berufung des Klägers wird das Urteil des Landgerichts ... vom ... in Ziffer I dahin abgeändert, daß der Beklagte an den Kläger 12.500,– DM (i. W. zwölftausendfünfhundert Deutsche Mark) zu zahlen hat und die Klage im übrigen abgewiesen wird.
  Im übrigen wird die Berufung des Klägers zurückgewiesen.
  II. Die Kostenentscheidung des angefochtenen Urteils wird aufgehoben. Von den Kosten des 1. Rechtszugs trägt der Kläger ¹/₆, der Beklagte ⁵/₆. Die Kosten des Berufungsverfahrens tragen Kläger und Bekl. je zur Hälfte (oder: werden gegeneinander aufgehoben).
  III. Die Beschwer wird für jede Partei auf 2.500,– DM festgesetzt.
  IV. Die Revision wird nicht zugelassen.
  V. Das Urteil ist vorläufig vollstreckbar. *(Vgl. §§ 708 Nr. 10, 713 ZPO).*

Oder:

Fall: Der Kläger hatte 15.000,– DM begehrt, das Landgericht sprach ihm 10.000,– DM zu und wies die Klage im übrigen ab. Der Beklagte legt Berufung ein, soweit er verurteilt worden ist, der Kläger legt bezüglich der Klageabweisung Anschlußberufung ein. Das Berufungsgericht spricht dem Kläger nur 5.000,– DM zu:
  I. Auf die Berufung des Beklagten wird das Urteil des Landgerichts ... vom ... aufgehoben.
  II. Der Beklagte wird verurteilt, an den Kl. 5.000,– DM (i. W. fünftausend) zu zahlen. Im übrigen wird die Klage abgewiesen und die Berufung des Beklagten zurückgewiesen.
  III. Die Anschlußberufung des Klägers wird zurückgewiesen.
  IV. Von den Kosten beider Rechtszüge trägt der Kläger ²/₃, der Beklagte ¹/₃.
  V. Die Beschwer des Kl. wird auf 10.000,– DM, die des Bekl. auf 5.000,– DM festgesetzt.
  VI. Die Revision wird nicht zugelassen.
  VII. Das Urteil ist vorläufig vollstreckbar.

B. LG-Urteile

Berufungsurteile der Landgerichte unterscheiden sich dadurch von solchen der Oberlandesgerichte, daß die Entscheidungen über Beschwer, Revisionszulassung und vorläufige Vollstreckbarkeit entfallen.

2. Festsetzung der Beschwer:

Wegen § 546 Abs. 1 Satz 1 ZPO gemäß § 546 Abs. 2 Satz 1, §§ 2 ff. ZPO. Aufbaumäßig gehört der Ausspruch über den Wert der Beschwer vor den über die vorläufige Vollstreckbarkeit, weil dieser von der Zulassung der Revision und diese auch vom Wert der Beschwer abhängig ist.

Nr. 15

3. Zulassung der Revision:
Vgl. § 546 Abs. 1 Satz 2 ZPO. In Bayern muß das Oberlandesgericht zugleich bestimmen, ob die Revision zum BGH oder zum Bayerischen Obersten Landgericht zugelassen wird (§ 7 Abs. 1 EGZPO).

Die Nichtzulassung der Revision muß nicht in die Urteilsformel aufgenommen werden; sie kann auch in den Entscheidungsgründen behandelt werden.

4. Abgekürzter Tatbestand
Sofern der Tatbestand des Ersturteils zutreffend abgefaßt ist, kann darauf Bezug genommen werden (§ 543 ZPO). Der Tatbestand des Berufungsurteils beginnt dann mit der Wiedergabe des Urteils 1. Instanz nach Gericht, Datum und Formel, „auf dessen Tatbestand Bezug genommen wird". Sodann folgen Kernausführungen aus den erstinstanzlichen Entscheidungsgründen und Nr. 9–15 des Tatbestands der historischen Methode (vgl. oben).

Nr. 16. Revisionsschrift mit Begründung

Dr. Karl Schmidt 76185 Karlsruhe, 3. 6. 1997
Rechtsanwalt Rheinstraße 47
beim Bundesgerichtshof

An den
Bundesgerichtshof
– Zivilsachen –

In Sachen
Fa. Standard AG., Hamburger Str. 3, 28205 Bremen,
gesetzlich vertreten durch ihren Vorstand Dr. Anselm Kurz, Hamburger Straße 3, 28205 Bremen,
– Klägerin und Revisionsbeklagte –
Prozeßbevollmächtigter 2. Instanz: Rechtsanwalt Heinz Neumann,
Lange Str. 27, 28195 Bremen,

gegen

Hans-Georg Kaufmann, Hotelbesitzer, Hofstr. 2, 28719 Bremen,
– Beklagter und Revisionskläger –
Prozeßbevollmächtigter 2. Instanz: Rechtsanwalt Dr. Manfred Groß,
Bahnhofstr. 11, 28195 Bremen,

wegen Kaufpreisforderung

lege ich namens des Beklagten und Revisionsklägers gegen das in beglaubigter Abschrift beigefügte Endurteil des Oberlandesgerichts Bremen vom 28. 4. 1997 – 2 U 389/96, zugestellt am 12. 5. 1997,

Revision

zum Bundesgerichtshof in Karlsruhe[1] ein.

Beschwerdewert: 76.500,– DM.[2]

Ich beantrage:[3]
  I. Das Urteil des Oberlandesgerichts Bremen vom 28. 4. 1997 wird aufgehoben.
  II. Die Berufung der Klägerin gegen das Urteil des Landgerichts Bremen vom 16. 12. 1996 wird zurückgewiesen.

Nr. 16

Begründung:[3]

I. Ich rüge die Verletzung formellen Rechts:
Hier sind Verfahrensverstöße jeweils in folgender Reihenfolge darzulegen:
a) Angabe der prozessualen Tatsache, die einen Verfahrensverstoß begründet,
b) Angabe des Gesetzes, gegen das im Prozeß verstoßen wurde,
c) Angabe der Kausalität (§§ 550, 551 ZPO). Eine nähere Begründung der Kausalität ist jedoch nur im Falle des § 550 ZPO erforderlich, da § 551 ZPO eine unwiderlegliche Vermutung aufstellt.

II. Ich rüge ferner die Verletzung materiellen Rechts:
Hier ist die verletzte Rechtsnorm möglichst bestimmt und genau zu bezeichnen, etwa durch §-Zahl oder Bezeichnungen wie „Besitzvorschriften", „Vorschriften über die Vertragsauslegung" etc. Die bloße Rüge, „das materielle Recht ist verletzt", genügt – anders als im Strafprozeß – für sich allein nicht.
Weitere Rechtsausführungen zum sachlichen Recht sind nicht zwingend geboten, aber sehr zweckmäßig.

Schmidt
(Dr. Schmidt)
Rechtsanwalt

Anmerkungen

1. Gegen Urteile Bayerischer Oberlandesgerichte ist die Revision beim Bayer. Obersten Landesgericht einzulegen, außer im Fall der Zulassungsrevision, in dem das OLG im Urteil bindend bestimmt, wer über die Revision zu entscheiden hat, §§ 7, 8 EGZPO.
2. **Zur Revisionssumme** vgl. § 554 b ZPO.
3. **Beispiele für Revisionsanträge**
   I. Das Urteil des Oberlandesgerichts Bremen vom 28. 4. 1997 wird aufgehoben
   II. Die Sache wird zur anderweitigen Verhandlung und Entscheidung an das Berufungsgericht zurückverwiesen.
   Oder:
   I. Das Urteil des Landgerichts Bremen vom 16. 12. 1996 und das Urteil des Oberlandesgerichts Bremen vom 28. 4. 1997 werden aufgehoben.
   II. Die Klage wird abgewiesen.
4. **Anlagen**
   Der Revisionsschrift sollen eine Ausfertigung oder eine beglaubigte Abschrift des angefochtenen Urteils und die zur Zustellung erforderliche Zahl beglaubigter Abschriften der Revisionsschrift beigefügt werden (vgl. § 553a Abs. 1 ZPO).

Nr. 17. Beschwerdeschrift

hier: Prozeßkostenhilfe (§ 127 Abs. 2 ZPO)

Karl Martin   02625 Bautzen, 24. 4. 1997
Rechtsanwalt   Tauerstr. 45

An das
Landgericht Bautzen
– 2. Zivilkammer –

In Sachen Richter . /. Bullig

lege ich namens der Antragstellerin gegen den Beschluß des Landgerichts Bautzen, 2. Zivilkammer, vom 18. 4. 1995 – 2 O 123/97 –

Beschwerde

ein mit dem Antrag:
  I. Der Beschluß des Landgerichts Bautzen vom 18. 4. 1997 wird aufgehoben.
  II. Der Antragstellerin wird die beantragte Prozeßkostenhilfe für den Rechtsstreit vor dem Landgericht bewilligt.

Ich bitte, der Antragstellerin den unterzeichneten Anwalt zu ihrer Vertretung beizuordnen.

Begründung:

Tatsachenvortrag und Rechtsausführungen.

  Martin
  (Martin)
  Rechtsanwalt

Nr. 18

Nr. 18. Beschwerdeentscheidung

hier: über Kostenfestsetzung (§ 104 Abs. 3 ZPO)

3 T 327/97

Beschluß

Das Landgericht Traunstein, 3. Zivilkammer,
– Vorsitzende Richterin am Landgericht Dr. Milder, Richter am Landgericht Kresse und Haueisen –
hat am 21. 6. 1997

in Sachen

Wegmann Ludwig, Malermeister, Schumannstr. 13, 83024 Rosenheim,
– Kläger und Beschwerdeführer –
Proz.Bev.: RA Dr. Robert Meier, Kirchenweg 4,
83026 Rosenheim,

gegen

Schlee Walter, Kaufmann, Bahnhofstr. 37, 83022 Rosenheim,
– Beklager und Beschwerdegegner –
Proz.Bev.: RA Werner Helferich, Bismarckstr. 3,
83022 Rosenheim,

wegen Forderung;

hier: Kostenfestsetzung

folgendes

beschlossen:

I. Auf die sofortige Beschwerde des Klägers wird der Beschluß des Amtsgerichts Rosenheim vom 5. 4. 1997 – C 233/97 – aufgehoben.
II. Die von dem Beklagten an den Kläger zu erstattenden Kosten des Verfahrens werden auf 827,– DM festgesetzt.
III. Die Kosten des Beschwerdeverfahrens hat der Beschwerdegegner zu tragen.

Gründe:

1. Kurze Sachverhaltsschilderung
2. Rechtliche Würdigung:

Nr. 18

Zulässigkeit der Beschwerde
Begründetheit der Beschwerde
Kostenentscheidung.

Milder	*Kresse*	*Haueisen*
(Dr. Milder)	(Kresse)	(Haueisen)

Nr. 19

II. Arbeitsgerichtsbarkeit

Nr. 19. Arbeitsgerichtsurteil[1]

Arbeitsgericht Hannover
Az: 3 Ca 157/97

Im Namen des Volkes

Urteil

In dem Rechtsstreit

Georg Lermer, kaufmännischer Angestellter, Waldhausenstr. 11, 30519 Hannover,
– Kläger –

Prozeßbevollmächtigte:[2] Rechtsanwälte Dres. Herbert Hertel und Richard Jäger, Müllerstr. 21, 30179 Hannover,

gegen

Jakob Kalter, Kaufmann, Schloßstr. 19, 30159 Hannover,
– Beklagter –

Prozeßbevollmächtigter:[2] Rechtsanwalt Dr. Hans Neuer, Goetheplatz 2, 30169 Hannover,

wegen

Feststellung u. a.

hat das Arbeitsgericht Hannover, 3. Kammer, durch Richter am Arbeitsgericht Schneider als Vorsitzenden und die ehrenamtlichen Richter Seydel und Wimmer auf Grund der mündlichen Verhandlung vom 7. April 1997 für Recht erkannt:[3]

I. Es wird festgestellt, daß das Arbeitsverhältnis durch die Kündigung vom 25. Februar 1997 nicht aufgelöst ist.
II. Der Beklagte wird verurteilt, an den Kläger 2.800,– DM nebst 4% Zinsen hieraus seit dem 1. Mai 1997 zu zahlen.
III. Der Beklagte trägt die Kosten des Rechtsstreits.
IV. Der Wert des Streitgegenstandes wird auf 8.400,– DM festgesetzt.

Tatbestand:[4]

1. *Unstreitiger Sachverhalt*
2. *Bestrittene Tatsachenbehauptungen des Klägers*
3. *Prozeßgeschichte, soweit sie die Anträge der Parteien beeinflußt hat*
4. *Die zuletzt gestellten Anträge des Klägers und des Beklagten (hervorheben!)*
5. *Verteidigungsvorbringen des Beklagten*
6. *Evtl. Widerklageantrag und Antrag des Widerbeklagten*
7. *Erwiderungen des Klägers und des Beklagten*
8. *Prozeßgeschichte, soweit sie noch für die Entscheidung erheblich ist*

Entscheidungsgründe:[4]

1. *Zulässigkeit*
   a) Rechtswegzuständigkeit (§§ 2ff. ArbGG)
   b) örtliche Zuständigkeit (§ 46 Abs. 2. S. 1 ArbGG, §§ 12ff. ZPO)
   c) ordnungsmäßige Klageerhebung (§ 46 Abs. 2, 1 ArbGG, § 253 Abs. 2 ZPO)
   d) Rechtsschutzbedürfnis u. a.
2. *Begründetheit*
3. *Kostenentscheidung (§ 46 Abs. 2 ArbGG, §§ 91 ff. ZPO)*
4. *Streitwertfestsetzung (§§ 61 Abs. 1, 12 Abs. 7, 46 Abs. 2 ArbGG, §§ 3,5 ZPO)*
5. *Rechtsmittelbelehrung (vgl. § 9 Abs. 5 ArbGG).*

Schneider
(Schneider)
Richter am Arbeitsgericht[5]

Anmerkungen

1. Beachte, ob statt des Urteilsverfahrens nicht das Beschlußverfahren in Betracht kommt, §§ 2 a, 80 ff. ArbGG.
2. Treten als Prozeßbevollmächtigte gem. § 11 Abs. 1 ArbGG Vertreter von Gewerkschaften oder Arbeitgeberverbänden auf, so lautet die Bezeichnung im Rubrum z. B.:
   „Prozeßbevollmächtigter: Gewerkschaftssekretär Hans Wagner, Bahnhofstr. 2, 30159 Hannover".
3. Beispiele für die Fassung des Tenors:
   I. Es wird festgestellt, daß die Kündigung vom 6. 5. 1997 als fristlose Kündigung rechtsunwirksam ist, jedoch als ordentliche Kündigung wirkt und als solche das Arbeitsverhältnis zum 30. 10. 1997 beendet.
   II. Im übrigen wird die Klage abgewiesen.
   III. ...
   IV. ...
   Oder:

Nr. 19

I. Es wird festgestellt, daß die Kündigung vom 9. 1. 1997 nichtig ist.
II. ...
III. ...

4. Zum Tatbestand und den Entscheidungsgründen vgl. § 46 Abs. 2 Satz 1 ArbGG in Verb. mit § 313 Abs. 2 und 3 ZPO.
5. Ein Berufungsurteil des Landesarbeitsgerichts ist vom Berufsrichter und den beiden Beisitzern zu unterschreiben (vgl. § 69 Abs. 1 ArbGG).

Zweiter Abschnitt. Freiwillige Gerichtsbarkeit

a) Erstentscheidung

Nr. 20. Beschluß des Vormundschaftsgerichts

hier: Anordnung der Betreuung (§ 1896 BGB, § 69 FGG)

Amtsgericht München	80097 München, den 21. 6. 1997
– Vormundschaftsgericht –	Linprunstr. 22
Az. 702 XVII 420/97	Zur Geschäftsstelle gelangt
	21. 6. 1997, 11.30 Uhr[1]
	Lanzl Justizsekretärin

Beschluß

über die Bestellung eines Betreuers
in dem Betreuungsverfahren

für Renate Windbacher, geboren am 13. 8. 1908,
Reisingerstr. 17, 82031 Grünwald,
– Betroffene –
evtl. Verfahrensbevollmächtigter..........
evtl. Pfleger(in) für das Verfahren[2].........
wird

Herr Hans-Georg Mahler, Burgstr. 25, 82031 Grünwald,
zum Betreuer bestellt.

Als Aufgabenkreis[3] wird bestimmt:
– Fürsorge für eine Heilbehandlung,
– Vertretung bei Miet- und Wohnungsangelegenheiten
– Vertretung in Renten- und Sozialhilfeangelegenheiten.

Das Gericht wird bis spätestens zum 1. 7. 1999 über eine Aufhebung oder Verlängerung der Betreuung beschließen.[4]

Die Entscheidung ist sofort wirksam.[5]

Gründe[6]

Der Betroffenen ist ein Betreuer mit dem oben angegebenen Aufgabenkreis zu bestellen, weil sie auf Grund einer der in § 1896 Abs. 1 Satz 1 BGB aufgeführten Krankheiten bzw. Behinderungen, nämlich ... *folgt nähere Bezeichnung,* z. B. weit fortgeschrittener Arteriosklerose mit er-

Nr. 20

heblicher Beeinträchtigung der Einsichtsfähigkeit ... nicht mehr in der Lage ist, diese Angelegenheiten selbst zu besorgen. Dies folgt – wie im Schlußgespräch[7] ausführlich erörtert wurde – aus den gerichtlichen Ermittlungen, insbesondere aus dem Gutachten des Sachverständigen Dr. Anton Moser[8] und dem unmittelbaren Eindruck des Gerichts anläßlich der Anhörung der Betroffenen[9] vom 16. 6. 1997 in ihrer üblichen Umgebung. ... *Folgen nähere Ausführungen dazu und die Angabe, ob die Betroffene die Betreuung selbst beantragt hat oder doch zumindest mit ihr einverstanden ist oder sie ablehnt.* ...

Bei der Auswahl des Betreuers hat sich das Gericht von folgenden Erwägungen leiten lassen: ... *folgen Ausführungen, ob die Betroffene einen Vorschlag gemacht hat, sowie zur Eignung und Bereitschaft des Betreuers für den Aufgabenkreis...*

Bei der Festsetzung der Frist für die Entscheidung über eine Aufhebung oder Verlängerung der Betreuung (§ 69 Abs. 1 Nr. 5 FGG) ist das Gericht dem ärztlichen Gutachten gefolgt.

Die Anordnung der sofortigen Wirksamkeit beruht auf § 69 a Abs. 3 Satz 2 FGG.

Diese Entscheidung (ohne Gründe) wurde der Betreuungsstelle der Landeshauptstadt München mitgeteilt.[10]

Rechtsmittelbelehrung[11]

Gegen diesen Beschluß ist die Beschwerde zulässig. Sie ist beim Amtsgericht München oder bei dem Landgericht München I durch Einreichung einer Beschwerdeschrift oder durch Erklärung zu Protokoll der Geschäftsstelle einzulegen. Die Beschwerde kann auch zu Protokoll der Geschäftsstelle eines anderen Amtsgerichts erklärt werden.

Dr. Kirchler
(Dr. Kirchler)
Richter am Amtsgericht

Anmerkungen

1. Die Entscheidung wird grundsätzlich mit der Bekanntgabe an den Betreuer wirksam (§ 69 a Abs. 3 Satz 1 FGG); bei Anordnung der sofortigen Wirksamkeit ist die Übergabe des Beschlusses an die Geschäftsstelle maßgebend (§ 69 a Abs. 3 Sätze 2 und 3 FGG). Dieser Zeitpunkt ist daher auf dem Beschluß zu vermerken (§ 69 a Abs. 3 Satz 3 FGG).
2. Vgl. § 67 FGG
3. Bei der Festlegung des Aufgabenkreises ist möglichst differenziert auf die Umstände des Einzelfalles abzustellen, da die Betreuung nur angeordnet werden darf, soweit sie erforderlich ist (§ 1896 Abs. 2 BGB).
In Betracht kommen u. a.: Entscheidung über ärztliche Untersuchung oder Operation, Fürsorge für eine Heilbehandlung, Bestimmung des Aufenthalts, Abschluß eines Heimpflegevertrages, Kontrolle der Einhaltung des Heim-

vertrags, Organisation der ambulanten Versorgung, Vertretung in Miet- und Wohnungsangelegenheiten, Wohnungsauflösung, Klärung der Vermögensverhältnisse, Verwaltung der Einkünfte, Schuldentilgung, Verwaltung des gesamten Vermögens, Vertretung in Renten- und Sozialhilfeangelegenheiten, Entgegennahme, Öffnen und Anhalten der Post (bedarf der ausdrücklichen richterlichen Anordnung, § 1896 Abs. 4 BGB), Überwachung des Bevollmächtigten (vgl. § 1896 Abs. 3 und Abs. 2 Satz 2 BGB).
Es ist auch zulässig, den benannten Aufgabenkreis einzuschränken, z. B. „Aufenthaltsbestimmung, jedoch ohne die Entscheidung über eine Unterbringung in einer geschlossenen Einrichtung".

4. Vgl. § 69 Abs. 1 Nr. 5 FGG
5. Vgl. § 69 a Abs. 3 Satz 2 FGG.
6. Gemäß § 69 Abs. 2 FGG ist der Beschluß zu begründen; für andere Entscheidungen erster Instanz ist im FGG keine Begründungspflicht angeordnet (anders für Beschwerdeentscheidungen, § 25 FGG). Eine solche Pflicht folgt jedoch aus der Bedeutung der meisten Entscheidungen für die Bettroffenen, aus dem Gebot rechtlichen Gehörs (Art. 103 Abs. 1 GG) und aus der Notwendigkeit, dem Rechtsmittelgericht eine Grundlage für die Überprüfung zu geben.
7. Das Schlußgespräch (§ 68 Abs. 5 FGG) kann unmittelbar an die richterliche Anhörung angeschlossen werden.
8. Vgl. § 68 b FGG.
9. Vgl. § 68 FGG.
10. Vgl. § 69a Abs. 2 FGG.
11. Eine Rechtsmittelbelehrung ist in § 69 Abs. 1 Nr. 6 FGG ausdrücklich vorgeschrieben, anders als sonst im FGG. Gleichwohl ist in der Praxis auch bei anderen Entscheidungen in FGG-Verfahren eine Rechtsmittelbelehrung weithin üblich geworden, weil die Betroffenen häufig nicht anwaltschaftlich vertreten sind und die Entscheidungen für sie oft weitreichende Folgen haben.

Nr. 21

Nr. 21. Erbschein

Amtsgericht Oldenburg
– Nachlaßgericht –
Az. 2 VI 23/97

Erbschein[1]

Es wird bezeugt, daß der am 20. Januar 1997 in Oldenburg verstorbene Kaufmann Albrecht Müller, geb. 23. 3. 1910 in Bremen, zuletzt wohnhaft in 26123 Oldenburg, Sternstr. 1,[2]

von seinen Söhnen

Dr. med. Peter Müller, geb. 1. 4. 1930, Arzt in 38100 Braunschweig, Domstr. 6, und

Fritz Müller, geb. 21. 10. 1932, Bankkaufmann in 23570 Lübeck, Ostseestr. 45,

zu je einer Hälfte

beerbt worden ist.[3-4]

Oldenburg, den 27. Februar 1997
Hafner
(Hafner)
Richterin am Amtsgericht[5]

Anmerkungen

1. Erbscheine werden durch Verfügung des Nachlaßgerichts erlassen. – Hinsichtlich der möglichen Arten des Erbscheins und der weiteren erbrechtlichen Ausweise siehe Palandt, Überblick vor § 2353 BGB RdNr. 2.
2. In der Praxis wird vielfach auch der Grund der Erbfolge (Gesetz, Testament, Erbvertrag) angegeben, z. B.: „auf Grund privatschriftlichen Testaments vom 10. 12. 1960". Notwendig ist dieser Zusatz aber nur, wenn er – wie in den Fällen der §§ 1951 und 2088 BGB – der Bezeichnung des Umfangs des Erbrechts dient (vgl. BayObLGZ 1973, 28 f.).
3. a) Im Falle der Nacherbfolge erhält der Erbschein folgenden Zusatz:
„Der Erblasser hat hinsichtlich jedes Bruchteils, der den oben angegebenen Erben zufällt, eine Nacherbfolge angeordnet. Die Nacherbfolge tritt jeweils ein, wenn der Vorerbe verstirbt. Nacherbin nach Dr. Peter Müller ist dessen Tochter Annegret Müller, geb. am 10. 4. 1955 in Berlin; Nacherbe nach Fritz Müller ist dessen Sohn Albrecht Müller, geb. am 11. 2. 1959 in Lübeck. Die Vorerben sind zur freien Verfügung über die Erbschaft berechtigt."
Das Recht eines Nacherben ist vererblich, sofern aus dem Erbschein nichts anderes hervorgeht. Die Vererblichkeit kann durch einen Ersatzerbenvermerk ausgeschlossen sein.

b) Sofern Testamentsvollstreckung angeordnet ist, erhält der Erbschein den Zusatz: „Testamentsvollstreckung ist angeordnet".
4. Da der Erbschein ein bloßes Zeugnis ist, enthält er keine Gründe.
5. Erbscheine auf Grund einer Verfügung von Todes wegen und gegenständlich beschränkte Erbscheine (§ 2369 BGB) erteilt der Richter (§ 16 Abs. 1 Nr. 6 RPflG), Erbscheine auf Grund gesetzlicher Erbfolge erteilt der Rechtspfleger (§ 3 Nr. 2 Buchst. c RPflG).

Nr. 22

Nr. 22. Ablehnungsbescheid im Erbscheinsverfahren

Amtsgericht München
– Nachlaßgericht –
Az. 902 VI 73/97

In der Nachlaßsache

betr. den Nachlaß des am 16. Februar 1997 in München verstorbenen Kaufmanns Maximilian Kammermeier, zuletzt wohnhaft in 80333 München, Gabelsbergerstraße 8,

hier: Antrag von Frau Bertha Kammermeier, Kaufmannswitwe, Gabelsbergerstraße 8, 80333 München, auf Erteilung eines Erbscheins,

erläßt das Amtsgericht München – Nachlaßgericht – durch Richter am Amtsgericht Dr. Finger am 26. März 1997 folgenden

Beschluß:[1,2]

Der Antrag wird zurückgewiesen.

Gründe:

I.

Kurze Sachdarstellung mit Angabe des Erbscheinsantrages.

II.

Der gestellte Antrag ist nicht begründet; denn der Antragstellerin steht das Erbrecht so, wie sie es beantragt hat, nicht zu.
Rechtliche Würdigung, vgl. §§ 2353, 2359 BGB.

Finger
(Dr. Finger)
Richter am Amtsgericht

Anmerkungen

1. Das Nachlaßgericht darf den Antrag auf Erteilung eines Erbscheins
    a) nur im ganzen zurückweisen, oder
    b) eine Zwischenverfügung (unten Nr. 24), oder
    c) einen Vorbescheid (unten Nr. 23), oder
    d) den beantragten Erbschein
       erlassen.

Nr. 22

2. Eine Kostenentscheidung ist regelmäßig nicht veranlaßt. Wer die Gerichtskosten zu tragen hat, regelt die KostO hier abschließend. Die außergerichtlichen Kosten trägt grundsätzlich jeder Beteiligte selbst. Nur ausnahmsweise wird das Gericht gem. § 13 a Abs. 1 Satz 1 FGG eine Kostenerstattung anordnen.

Nr. 23. Vorbescheid im Erbscheinsverfahren

Amtsgericht Starnberg
– Nachlaßgericht –
Az. VI 19/97

In der Nachlaßsache

betr. den Nachlaß des am 9. November 1996 in Percha verstorbenen Hauptlehrers Heribert Edschmid, zuletzt wohnhaft in 82319 Percha, Bergstraße 3,
hier: Antrag von Frau Babette Braun, geb. Edschmid, Hausfrau, Bahnhofstraße 12, 82327 Tutzing, auf Erteilung eines Erbscheins,
erläßt das Amtsgericht Starnberg – Nachlaßgericht – durch Richterin am Amtsgericht Wittlinger am 21. März 1997 folgenden

Beschluß:

Die Erteilung eines Erbscheins in folgender Form:

„Erbschein

Es wird bezeugt, daß der am 9. 11. 1996 in Percha verstorbene Hauptlehrer Heribert Edschmid aus Percha von Frau Babette Braun, geb. Edschmid, geb. 30. 3. 1927, Bahnhofstr. 12, 82327 Tutzing,

allein

beerbt worden ist."

wird bewilligt werden, falls gegen diesen Beschluß nicht binnen zwei Wochen eine Beschwerde eingelegt wird.

Gründe:

I.

Folgt kurze Sachdarstellung mit Angabe des Erbscheinsantrages und der gegen diesen Antrag erhobenen Einwendungen.

II.

Folgt rechtliche Würdigung:
  Zulässigkeit des Vorbescheids
  Begründetheit des Erbscheinsantrages.

  Wittlinger
  (Wittlinger)
Richterin am Amtsgericht

Nr. 24. Zwischenverfügung[1,2]

Amtsgericht Kassel
– Grundbuchamt –
Az. 3 I 32/97

I. Schreiben an Antragsteller:
Ihrem Antrag vom 28. Januar 1997 auf Eintragung eines Widerspruchs gegen ... kann zur Zeit nicht entsprochen werden. *Folgt Aufzählung sämtlicher Eintragungshindernisse und die Angabe, wie diese Hindernisse ausgeräumt werden können.* Zur Behebung der Eintragungshindernisse wird Ihnen gem. § 18 GBO eine Frist von zwei Wochen ab Zugang dieser Verfügung gesetzt. Nach erfolglosem Fristablauf wird Ihr Antrag kostenfällig zurückgewiesen werden.
II. Zustellung von I an Antragsteller
III. Wiedervorlage: 4 Wochen

Kassel, den 3. Februar 1997
Möller
(Möller)
Rechtspfleger[3]

Anmerkungen

1. Voraussetzung für den Erlaß einer Zwischenverfügung ist, daß
   a) das angegangene Amtsgericht zur Endentscheidung zuständig,
   b) der Antrag wirksam gestellt und
   c) das Eintragungshindernis behebbar ist.
2. Entsprechend den allgemeinen Rechtsgrundsätzen des § 18 GBO ist eine Zwischenverfügung auch in Erbscheinssachen zulässig. Sie kann dort auch in der Form eines Beschlusses ergehen.
3. Vgl. § 3 Nr. 1 Buchst. h RPflG.

Nr. 25

Nr. 25. Eintragungsverfügung in Grundbuchsachen

hier: vollstreckbare Briefhypothek

Amtsgericht Aurich
– Grundbuchamt –
Az. 5 I 17/97

Verfügung

I. Einzutragen in das Grundbuch von Sandhorst, Band 2, Blatt 38, Abteilung III, Spalten 1–4:
Sp. 1: 6
Sp. 2: 1
Sp. 3: 10.000,– DM
Sp. 4: Zehntausend Deutsche Mark Darlehen, mit acht vom Hundert jährlich zu verzinsen, für den Kaufmann Hermann Schmid in Emden.[1] Der jeweilige Eigentümer ist der sofortigen Zwangsvollstreckung unterworfen. Unter Bezugnahme auf die Eintragungsbewilligung vom 13. Januar 1997 eingetragen am ... Januar 1997.
II. Ein Hypothekenbrief ist zu erteilen und mit dem Grundbuchauszug dem Gläubiger auszuhändigen, zugleich als Eintragungsnachricht.
III. Keine weitere Bekanntmachung.

Aurich, den 21. Januar 1997
Knauer
(Knauer)
Rechtspfleger

Anmerkung

1. Bei einer Buchhypothek wäre hier der Satz einzufügen: „Die Erteilung eines Briefes ist ausgeschlossen". Ziffer II lautet dann: „Grundbuchauszug dem Gläubiger übermitteln, zugleich als Eintragungsnachricht."

b) Beschwerdeentscheidungen

Nr. 26. Allgemeine Beschwerdeentscheidung der freiwilligen Gerichtsbarkeit

Landgericht Bonn
Az: 5 T 95/97

Beschluß

In Sachen

Ingrid Sedelmaier, geb. 21. 4. 1984, Bonner Straße 8, 51545 Waldbröl,

wegen vormundschaftsgerichtlicher Maßnahmen

hat das Landgericht Bonn, 5. Zivilkammer, am 3. März 1997 durch Vorsitzende Richterin am Landgericht Schnabel, Richter am Landgericht Franke und Richter Kern folgendes

beschlossen:

> Die sofortige Beschwerde des Vaters Bruno Sedelmaier, Kürschner, Hauptstraße 17, 51545 Hermesdorf, gegen den Beschluß des Amtsgerichts Waldbröl – Vormundschaftsgericht – vom 4. Februar 1997 – X 23/97 – wird als unbegründet zurückgewiesen.[1]

Gründe:[2]

I.

Folgt Darstellung des Sachverhalts mit Anträgen erster Instanz, Formel und tragende Gründe der Entscheidung erster Instanz, Formalien der Beschwerdeeinlegung, kurze Zusammenfassung des Beschwerdevorbringens, eventuelle Anträge der Beteiligten im Beschwerdeverfahren und evtl. bedeutsame Verfahrensgeschichte zweiter Instanz.

II.

Statthaftigkeit der Beschwerde, § 19 FGG,
Zulässigkeit im übrigen, §§ 20 ff. FGG, insbesondere
 Beschwerdeberechtigung, §§ 20, 57, 58, 59, 82 FGG
Materiellrechtliche Würdigung.

Schnabel	Franke	Kern
(Schnabel)	(Franke)	(Kern)

Nr. 26

Anmerkungen

1. Einer gerichtlichen Kostenentscheidung bedarf es grundsätzlich nicht. Bezüglich der Gerichtskosten enthält die KostO eindeutige Bestimmungen, die für eine konstitutive Gerichtsentscheidung keinen Raum lassen (hier: § 131 KostO, Ausnahme § 94 Abs. 3 Satz 2 KostO). Die außergerichtlichen Kosten trägt grundsätzlich jeder Beteiligte selbst. Das Gericht kann aus Billigkeitserwägungen Kostenerstattung anordnen (§ 13 a Abs. 1 Satz 1 FGG). Bei erfolglosen Rechtsmitteln sind dem Beschwerdeführer die außergerichtlichen Kosten des Beschwerdegegners aufzuerlegen. Gleiches gilt bei grobem Verschulden eines Beteiligten (§ 13 a Abs. 1 Satz 2 FGG). Voraussetzung ist jedoch auch dann, daß dem Gegner erkennbar außergerichtliche Kosten tatsächlich entstanden sind. Dies war im Beispielsfall nicht gegeben.
2. Vgl. § 25 FGG.

Nr. 27. Beschwerdeentscheidung in Erbscheinssachen

Landgericht Görlitz
Az: 1 T 59/97

Beschluß

In der Erbscheinssache
über den Nachlaß des Ingenieurs Friedrich Walter aus Zittau, verstorben am 5. Februar 1997 in Zittau
hier: Antrag des Kraftfahrers Franz Walter, Goethestr. 7, 02763 Zittau, vom 2. März 1997 auf Erteilung eines Erbscheins
hat das Landgericht Görlitz, 1. Zivilkammer, auf die Beschwerde der Sekretärin Hilde Walter, Hauptstr. 7, 02763 Zittau, am 15. Mai 1997 durch Vorsitzenden Richter am Landgericht Feuerherr, Richter am Landgericht Krüner und Dr. Friese folgendes

beschlossen:[1,2]

I. Die Verfügung des Amtsgerichts Zittau – Nachlaßgericht – vom 5. April 1997 – VI 83/97 – wird aufgehoben.

II. Das Amtsgericht Zittau wird angewiesen, einen Erbschein zu erteilen, der die Beschwerdeführerin als Alleinerbin ausweist. (*Das LG darf auf Beschwerde gegen sog. Vorbescheid den verfahrensgegenständlichen Erbscheinsantrag nicht endgültig abweisen, vgl. BayObLGZ 1981, 69. Es darf auch nicht durch einen eigenen Vorbescheid einen anderen Erbschein ankündigen; vgl. BayObLGZ 1994, 73.*)

Gründe:

I.

Sachdarstellung (vgl. Nr. 26)

II.

Rechtliche Würdigung (Zulässigkeit und Begründetheit der Beschwerde).

| *Feuerherr* | *Krüner* | *Friese* |
| (Feuerherr) | (Krüner) | (Dr. Friese) |

Nr. 27

Anmerkungen

1. Das Beispiel betrifft den Fall, daß
   a) das Nachlaßgericht eine Verfügung dahin erlassen hat, es werde den von Franz Walter beantragten Erbschein erteilen, wenn nicht ein gesetzlicher Erbe dagegen Beschwerde erhebe; sog. Vorbescheid (vgl. oben Nr. 23).
   b) diese Verfügung aber inhaltlich nicht gerechtfertigt war, da das Testament keinen hinreichenden Anhaltspunkt für eine Erbeinsetzung des Antragstellers bietet;
   c) die verfahrensrechtlichen und materiellrechtlichen Fragen geklärt sind und ein entsprechender Erbscheinsantrag der Beschwerdeführerin dem Amtsgericht vorliegt.
2. Weitere Beispiele für Beschlußformeln:
   I. Die Beschwerde der ... gegen den Beschluß des Amtsgerichts Zittau vom ... wird zurückgewiesen
   II. Die Beschwerdeführerin trägt die außergerichtlichen Kosten des Beschwerdegegners *(vgl. § 13 a Abs. 1 Satz 2 FGG).*
   oder
   I. ... Aufhebende Entscheidung ...
   II. Die Sache wird an das Amtsgericht Zittau zurückgegeben *(vgl. OLG Hamm OLGZ 1970, 117)*
   oder
   II. Auf die Beschwerde der .... wird das Amtsgericht Zittau angewiesen, den dem ... erteilten Erbschein einzuziehen *(vgl. Palandt, § 2353, RdNr. 14)*
   oder
   II. Das Amtsgericht Zittau wird angewiesen, den im aufgehobenen Beschluß (Vorbescheid) bezeichneten Erbschein nicht zu erteilen.

Nr. 28. Beschwerdeentscheidung in Grundbuchsachen

Landgericht Bonn
Az. 3 T 21/97

Beschluß

In der Grundbuchsache

betr. das Grundstück in Buschdorf, Hauptstraße 11, vorgetragen im Grundbuch des Amtsgerichts Bonn für Buschdorf, Band 2, Blatt 36, Seite 191,

hat das Landgericht Bonn, 3. Zivilkammer, durch Vorsitzenden Richter am Landgericht Schroeder, Richter am Landgericht Müllermeister und Richterin Sporer

auf die Beschwerde des

Regierungsrates Helmut Weber, Kölner Straße 16, 53111 Bonn,

Verfahrensbevollmächtigter: Rechtsanwalt Dr. Hermann Seidel, Brahmsstr. 14, 53121 Bonn,

Beschwerdegegner: Alfred Weber, Apotheker, Hauptstraße 11, 53117 Buschdorf,

Verfahrensbevollmächtigter: Rechtsanwalt Dr. Hans Ries, Münsterstr. 3, 53111 Bonn, am 26. Februar 1993 folgendes

beschlossen:

Die Beschwerde gegen den Beschluß des Amtsgerichts Bonn vom 10. Januar 1997 – Az. 1 I 56/97 – wird verworfen[1] *(wenn unzulässig) oder*: zurückgewiesen *(wenn unbegründet).*
Der Beschwerdeführer hat die dem Beschwerdegegner im Beschwerdeverfahren entstandenen außergerichtlichen Kosten zu tragen.[2]

Gründe:[3]

I.

Sachbericht, vgl. § 78 Satz 2 GBO, § 561 ZPO.

II.

Tragende Gründe des Beschlusses.

| Schroeder | Müllermeister | Sporer |
| (Schroeder) | (Müllermeister) | (Sporer) |

Nr. 28

Anmerkungen

1. Weitere Beispiele für die Fassung der Beschlußformel:
   a) Bei Beschwerde gegen eine Zwischenverfügung:
      I. Die Beschwerde wird zurückgewiesen.
      II. Die in der angefochtenen Zwischenverfügung gesetzte Frist wird bis zum 16. Mai 1997 verlängert.
      Oder:
      I. Die Zwischenverfügung des Amtsgerichts Bonn vom 14. Januar 1997 – Az. 1 I 56/96 – wird aufgehoben.
      II. Das Amtsgericht wird angewiesen, von seinen Bedenken gegen den Eintragungsantrag Abstand zu nehmen.
      Oder:
      Die Zwischenverfügung des Amtsgerichts Bonn vom 14. Januar 1997 – Az. 1 I 56/96 – wird insoweit aufgehoben, als darin der Nachweis der Zustimmung der Ehefrau ... verlangt wird. Insoweit wird die Sache zur anderweitigen Behandlung und Entscheidung an das Amtsgericht Bonn zurückgegeben.
      Im übrigen wird die Beschwerde zurückgewiesen.
   b) Bei Beschwerde gegen die Zurückweisung des Eintragungsantrages:
      I. Der Beschluß des Amtsgerichts Bonn vom 14. Januar 1997 – Az. 1 I 56/96 – wird aufgehoben.
      II. Das Amtsgericht wird angewiesen, im Grundbuch für Buschdorf, Band 2 Blatt 36, in Abteilung II, Sp. 5, lfd. Nr. 4 folgendes einzutragen: ... (folgt Eintragungsverfügung).
      Oder:
      I. Der Beschluß des Amtsgerichts Bonn vom 14. Januar 1997 – Az. 1 I 56/96 – wird aufgehoben.
      II. Das Amtsgericht wird angewiesen, die vom Beschwerdeführer beantragten Eintragungen im Grundbuch für Buschdorf, Band 2, Blatt 36, nach Maßgabe der folgenden Gründe vorzunehmen.
      Oder:
      I. Der Beschluß des Amtsgerichts Bonn vom 14. Januar 1997 – Az. 1 I 56/96 – wird aufgehoben.
      II. Das Amtsgericht wird angewiesen, eine Zwischenverfügung nach Maßgabe der folgenden Gründe zu erlassen.
      (Beachte: das Beschwerdegericht kann die Zwischenverfügung aber auch selbst erlassen.)
      Oder:
      I. Der Beschluß des Amtsgerichts Bonn vom 14. Januar 1997 – Az. 1 I 56/96 – wird aufgehoben.
      II. Die Sache wird zur erneuten Prüfung und anderweitigen Entscheidung an das Amtsgericht zurückverwiesen.
      (Beachte: diese Entscheidung ergeht nur ausnahmsweise, wenn das Erstgericht gar nicht zur Sache entschieden hatte oder wenn schwere Verfahrensmängel in 1. Instanz vorliegen.)
   c) Im Falle des § 71 Abs. 2 Satz 2 GBO:
      Das Amtsgericht Bonn wird angewiesen, gegen die im Grundbuch von Buschdorf, Band 2, Blatt 36, in Abt. III, lfd. Nr. 3 eingetragene Hypothek zugunsten der ... (hier folgen die Namen aller Berichtigungsberechtigten,

Nr. 28

auch wenn nicht alle Beschwerde erhoben haben) von Amts wegen einen Widerspruch einzutragen.

2. Über Gerichtskosten ist hier nicht zu entscheiden, weil sich der Kostenschuldner unmittelbar aus § 131 KostO ergibt.
Die Entscheidung über die außergerichtlichen Kosten folgt hier aus § 13 a Abs. 1 Satz 2 FGG.

3. Vgl. § 77 GBO.

B. STRAFRECHT

a) Vorverfahren

Nr. 29. Durchsuchungs- und Beschlagnahmebeschluß

Amtsgericht Dresden
Az: 3 Gs 37/97

In dem Ermittlungsverfahren gegen
Karl Eggertsen, geb. am 21. 2. 1937 in Stettin, deutscher Staatsangehöriger, lediger Handelsvertreter, wohnhaft in 01097 Dresden, Hauptstr. 11,
wegen Verdachts des Diebstahls
erläßt das Amtsgericht Dresden durch Richterin am Amtsgericht Spreng am 24. 6. 1997 folgenden

Beschluß:

Es wird die Durchsuchung der Wohnung des Beschuldigten angeordnet. Ferner wird die Beschlagnahme von aufgefundenem Diebesgut (Goldenes Tischfeuerzeug, Tischrechner „Elite 2000", Geldkassette rot ca. 28 × 22 cm, Formulare und Stempel der Fa. Müller) und von sonstigen Beweismitteln angeordnet.

Der Beschuldigte ist verdächtig, ... *folgt Wiedergabe des strafrechtlich erheblichen Sachverhalts.*

z. B. ... in der Nacht vom 15. auf 16. 6. 1997 aus den Büroräumen der Fa. Müller KG., Obergasse 18, 01097 Dresden, nach Aufbrechen der verschlossenen Eingangstüre die oben aufgeführten Gegenstände entwendet und in seiner Wohnung versteckt zu haben, Vergehen des Diebstahls in einem schweren Fall, §§ 242, 243 StGB.

Die Durchsuchung darf nicht zur Nachtzeit erfolgen. §§ 97, 105 Abs. 2 StPO sind zu beachten.

Diese Entscheidung beruht auf §§ 94, 98, 102, 105 StPO.

Spreng
(Spreng)
Richterin am Amtsgericht

Nr. 30

Nr. 30. Haftbefehlsantrag

Staatsanwaltschaft bei dem
Landgericht Nürnberg-Fürth
37 Js 1278/97

Verfügung:

I. Versendung vormerken.
II. Urschriftlich mit Akten

an das
Amtsgericht Nürnberg
– Ermittlungsrichter –
mit dem Antrag, gegen

Friedrich Stein, geb. am 5. 3. 1939 in München, deutscher Staatsangehöriger, geschiedener Hilfsarbeiter, wohnhaft in
80801 München, Hohenzollernstr. 8,

Haftbefehl

zu erlassen.

Der Beschuldigte ist dringend verdächtig, ... *folgt Schilderung des Sachverhalts, soweit er für den subjektiven und objektiven Tatbestand der verletzten Strafgesetzbestimmung bedeutsam ist.*

z. B. ... am 3. März 1997 in Nürnberg gegen 22.30 Uhr am Hauptausgang des Hauptbahnhofs den Rentner Hans Döberlein durch einen kräftigen Schlag auf den Kopf zu Boden gestreckt und ihm sodann – wie von Anfang an beabsichtigt – die Geldbörse mit ca. 170,– DM Inhalt abgenommen zu haben, um sich das Geld anzueignen.[1]

Der Beschuldigte ist daher dringend verdächtig, ... *folgt Wiedergabe des Straftatbestandes mit den Worten des Gesetzes und Bezeichnung des StGB – Paragraphen.*

z. B. ... einem anderen mit Gewalt in der Absicht rechtswidriger Zueignung eine fremde bewegliche Sache weggenommen und zugleich einen anderen vorsätzlich körperlich mißhandelt zu haben, – Verbrechen des Raubes nach § 249 StGB in Tateinheit (§ 52 StGB) mit einem Vergehen der vorsätzlichen Körperverletzung nach § 223 StGB.

Der dringende Tatverdacht ergibt sich aus ... *folgt Angabe der Tatsachen und Beweismittel, die den dringenden Tatverdacht begründen.*

z. B. ... aus der Aussage des Augenzeugen Heinrich Bull und der Aussage des Geschädigten, der den Beschuldigten auf Lichtbildern zweifelsfrei als den Täter identifiziert hat.

Es ist der Haftgrund der Fluchtgefahr (*oder* Verdunkelungsgefahr *oder* Wiederholungsgefahr) gegeben, weil ... *folgen nähere Darlegungen.*

z. B. ... weil der geschiedene Beschuldigte, der keiner geregelten Arbeit nachgeht, ohne tiefere soziale Bindungen ist und eine hohe Strafe zu erwarten hat.

Die Haft ist auch verhältnismäßig angesichts der Schwere des Schuldvorwurfs; weniger einschneidende erfolgversprechende Maßnahmen zur Verhinderung der Flucht (*oder* Verdunkelung *oder* Wiederholung) sind nicht erkennbar.

Nürnberg, den 9. März 1997

Voll
(Dr. Voll)
Staatsanwalt

Anmerkung

1. Es ist weithin üblich, die Tatsachen in direkter Schilderung unter der Überschrift „Sachverhalt" darzustellen. Die hier gewählte Form verdient jedoch den Vorzug, weil sie die Vorläufigkeit des Tatvorwurfs verdeutlicht.

Nr. 31

Nr. 31. Haftbefehl

Amtsgericht Bielefeld
Az: 6 Gs 37/97

Haftbefehl

Gegen den Beschuldigten

Kurt Brenner, geb. am 27. 9. 1935 in Königsberg, deutscher Staatsangehöriger, verh., Maurer, wohnhaft in 33602 Bielefeld, Bahnhofstr. 26,

wird die Untersuchungshaft angeordnet.

Er wird beschuldigt, am ... in ...

folgt Wiedergabe des Straftatbestandes mit den Worten des Gesetzes.
Folgt Schilderung des Sachverhalts, soweit er für die gesetzlichen Merkmale des Straftatbestandes von Bedeutung ist, sowie Zeit und Ort des Tatgeschehens.

Diese Handlung ist in § ... StGB mit Strafe bedroht.

Der dringende Tatverdacht ergibt sich aus ... *folgt Angabe der Tatsachen und der Beweismittel, die den dringenden Tatverdacht begründen, z. B. Zeugenaussagen, Urkunden, Geständnis.*

Die Haft wird angeordnet, weil Fluchtgefahr (*oder* Verdunkelungsgefahr *oder* Wiederholungsgefahr, *vgl.* § 112 Abs. 2 und 3, § 112 a StPO *und die Einschränkung in* § 113 StPO) besteht.
Folgt Angabe der Tatsachen, aus denen sich der Haftgrund ergibt.

Die Anordnung der Haft steht zur Bedeutung der Sache und der zu erwartenden Strafe nicht außer Verhältnis.

Weniger einschneidende Maßnahmen im Sinne des § 116 StPO sind nicht erfolgversprechend.

Gegen diesen Haftbefehl ist Beschwerde zulässig. Auch kann Antrag auf mündliche Verhandlung gestellt werden.
Auf die anliegende Rechtsbehelfsbelehrung wird verwiesen.

Bielefeld, den 2. 5. 1997
    Landgraf
    (Landgraf)
Richter am Amtsgericht

Nr. 32. Außervollzugsetzung eines Haftbefehls

Amtsgericht München
– Ermittlungsrichter –
3 Gs 138/97   HAFT!

zu Staatsanwaltschaft München I – 36 Js 2732/97 –

I. Beschluß:

in dem Ermittlungsverfahren der StA München I

gegen

H a m m e r e r Gerhard, geb. am 12. 1. 1950 in Ingolstadt, verheirateter Angestellter, wohnhaft in 80333 München, Karlstr. 25,

z. Zt. in Untersuchungshaft in der JVA München-Stadelheim, wegen Betruges u. a.

Der Haftbefehl des Amtsgerichts München vom 20. März 1997 – 3 Gs 138/97 – wird unter folgenden Auflagen[1] außer Vollzug gesetzt (§ 116 StPO):

1. Der Beschuldigte hat sich täglich zwischen 8 und 9 Uhr persönlich beim Polizeirevier 2, München, Karlstr. 40, zu melden.
2. Der Beschuldigte hat seinen Reisepaß bei der Staatsanwaltschaft München I zu hinterlegen.
3. Der Beschuldigte darf die Stadt München nicht ohne Erlaubnis der Staatsanwaltschaft München I verlassen.
4. Dem Beschuldigten wird untersagt, irgendeine Verbindung mit den Mitbeschuldigten Josef Dürr, Hans Mähling und mit dem Zeugen Joachim Döberl aufzunehmen.
5. Der Beschuldigte hat eine Sicherheit von 20.000,– DM bei der Gerichtskasse München zu hinterlegen.

München, den 30. März 1997

Schauermann
(Schauermann)
Richter am Amtsgericht

Nr. 32

II. Mit Akten

an die Staatsanwaltschaft
bei dem Landgericht München I

zur weiteren Veranlassung.[2]

München, den 30. 3. 1997
Schauermann
Richter am Amtsgericht

Anmerkungen

1. Auch andere Maßnahmen sind denkbar; sie dürfen jedoch nicht einschneidender sein als die Untersuchungshaft (vgl. dazu Kleinknecht/Meyer-Goßner, StPO, § 116, RdNr. 5–18).
2. Vgl. § 36 Abs. 2 StPO. Der Staatsanwalt wird den Beschluß an den Beschuldigten zustellen, alle zum Vollzug nötigen Maßnahmen treffen, also das Polizeirevier von Nr. 1, 3 und 4 des Beschlusses verständigen, die Hinterlegung der Sicherheit überwachen und nach Erfüllung der Auflagen Nr. 2 und 5 die Entlassung des Beschuldigten veranlassen.

Nr. 33. Einstellungsverfügung

Staatsanwaltschaft
bei dem Landgericht Mannheim
Az: 8 Js 132/97

Verfügung

I. Das Ermittlungsverfahren gegen

Josef Meier, geb. am 31. 7. 1967 in Darmstadt, deutscher Staatsangehöriger, lediger Angestellter, wohnhaft in 64293 Darmstadt, Frankfurter Str. 11,

wegen Verdachts des Diebstahls

wird gem. § 170 Abs. 2 StPO eingestellt.[1]

Gründe:[2,3]

In bedeutsamen Verfahren wird entsprechend dem Aufbau eines freisprechenden Urteils verfahren, also:
- *Angabe, was dem Beschuldigten zur Last lag,*
- *Einlassung des Beschuldigten,*
- *Ermittlungsergebnis,*
- *Darlegung, warum aus tatsächlichen oder rechtlichen Gründen kein zur Anklageerhebung hinreichender Tatverdacht gegeben ist, oder daß die Ermittlungen die Unschuld des Beschuldigten ergeben haben,*
- *Hinweis, daß etwaige zivilrechtliche Ansprüche von dieser Verfügung nicht berührt werden.*

In einfacheren Fällen genügt es, nach einem kurzen Hinweis auf den erhobenen Schuldvorwurf sogleich die für die Einstellung maßgebenden tatsächlichen oder rechtlichen Erwägungen darzulegen und mit dem Hinweis abzuschließen, daß etwaige zivilrechtliche Ansprüche nicht berührt werden.

II. Mitteilung mit Abdruck von I an den Anzeigeerstatter.
Sofern der Anzeigeerstatter zugleich Verletzter i. S. von § 171 Satz 2 StPO ist und kein Fall des § 172 Abs. 2 Satz 3 StPO vorliegt, ist dem Anzeigeerstatter Abdruck von 1 förmlich mit Beschwerdebelehrung nach §§ 171, 172 Abs. 1 StPO zuzustellen.[4]

III. Mitteilung von I – grundsätzlich ohne Gründe – an den Beschuldigten,[5] sofern die Voraussetzungen des § 170 Abs. 2 Satz 2 StPO vorliegen.

Nr. 33

IV. Zählkarte (G Nr. 18):
Das Verfahren wurde erledigt durch Zurückweisung oder Einstellung gemäß § 170 Abs. 2 StPO,

☐ weil Täterschaft, Tat oder Tatumstände nicht nachweisbar sind oder die Tat unter keinen Straftatbestand fällt;

☐ weil Verschulden fehlt oder nicht nachweisbar ist oder ein Rechtfertigungsgrund oder Schuldausschließungsgrund (bei Jugendlichen z. B. Schuldunfähigkeit) gegeben ist;

☐ wegen eines Verfahrenshindernisses (z. B. Verjährung) oder wegen mangelnder Verfahrensvoraussetzungen.

V. *Evtl.* Asservaten bereinigen, Urkunden zurück, Beiakten zurückleiten.[6]

VI. *Evtl.* Nr. . . . MiStra.[6,7]

VII. Weglegen.[6]

Mannheim, den 17. 6. 1997
Horlebuck
(Horlebuck)
Staatsanwalt

Anmerkungen

1. Bei **Teileinstellung** des Ermittlungsverfahrens nach § 170 Abs. 2 StPO würde es heißen:
   I. . . . eingestellt, soweit dem Beschuldigten zur Last liegt, am . . . in . . . zu haben (*Kurzbezeichnung der zur Last liegenden Straftat*, z. B. dem A. den PKW AUDI A 6, amtl. Kennzeichen M–AS 979 entwendet zu haben)
   II. und III. wie im Muster
   IV. Die Ermittlungen sind abgeschlossen.
   V. Strafbefehlsantrag (vgl. Nr. 35) (oder Anklageschrift; vgl. Nr. 36) nach Diktat. (Die Ziffern IV bis VII des Musters entfallen).
   Von der Teileinstellung (bei Tatmehrheit) ist zu unterscheiden der Fall, daß bezüglich einer einheitlichen Tat einer von mehreren zunächst in Betracht gezogenen rechtlichen Gesichtspunkte entfällt (z. B. die Tat nicht als versuchter Totschlag, sondern als gefährliche Körperverletzung zu beurteilen ist). In diesem Fall werden die maßgebenden Erwägungen – ohne Mitteilungen – nur in einem Vermerk aktenkundig gemacht; im übrigen wird bezüglich der Tat nach Nr. 35 oder 36 verfahren.
   Davon ist zu unterscheiden der Fall der **Beschränkung der Strafverfolgung** gemäß § 154 a StPO, wenn trotz der Strafbarkeit einzelner abtrennbarer Teile einer Tat oder trotz mehrerer Gesetzesverletzungen, die durch dieselbe Tat begangen worden sind, die Verfolgung auf die übrigen Teile der Tat oder die übrigen Gesetzesverletzungen beschränkt wird. In diesem Fall ist die Beschränkung aktenkundig zu machen (§ 154 a Abs. 1 Satz 3 StPO). Im übrigen wird nach Nr. 35 oder Nr. 36 verfahren mit der Maßgabe, daß auf die Beschränkung der Strafverfolgung im Strafbefehlsantrag oder in der Anklageschrift im Anklagesatz hinzuweisen ist (§ 101 a Abs. 3 RiStBV).

2. Gründe sind im Fall des § 171 Satz 1 StPO vorgeschrieben. Auch in anderen Fällen ist zumindest eine kurze Begründung im Hinblick auf eine etwaige dienstaufsichtliche Überprüfung geboten.
3. Bei manchen Staatsanwaltschaften ist es üblich, die Gründe in Ziffer II darzulegen, sofern ein Bescheid an den Antragsteller zu erteilen ist.
4. Sofern dem Antragsteller ein Beschwerderecht nach §§ 171, 172 StPO zusteht, ist es sinnvoll, ihm die Einstellungsverfügung förmlich zuzustellen, um den Fristablauf feststellen zu können (vgl. Nr. 91 Abs. 2 RiStBV). In der Praxis wird dies aus Gründen der Kostenersparnis häufig nicht angeordnet.
5. Sofern dem Beschuldigten möglicherweise Ansprüche nach dem StrEG zustehen, ist ihm die Einstellungsmitteilung mit entsprechender Belehrung förmlich zuzustellen (§ 9 Abs. 1 Satz 4 und 5 StrEG).

Im Falle eines Beschwerderechts des Antragstellers ist es zweckmäßig, die Mitteilung an den Beschuldigten zurückzustellen, bis feststeht, daß keine Beschwerde eingelegt worden ist.
6. Ziffer V, VI, VII sind nur sinnvoll, wenn dem Antragsteller keine Beschwerde nach § 172 StPO zusteht. Anderenfalls ist nach Ziffer I, II und IV zu verfügen: „Wiedervorlage 3 Wochen" und erst nach Ablauf der Frist wie Ziffer III, V–VII zu verfügen.
7. Die Bekanntmachung über die Mitteilungspflichten in Strafsachen (MiStra) regelt, wann anderen Behörden oder Stellen Mitteilungen von Ermittlungsverfahren zu machen sind. Ist bereits die Einleitung des Ermittlungsverfahrens mitgeteilt worden, ist es besonders wichtig, auch die Einstellung mitzuteilen.

Nr. 34

Nr. 34. Klageerzwingungsschrift

Dr. Wilhelm Heumüller 0331 München, 24. 5. 1997
Rechtsanwalt Marienplatz 5/III

An das

Oberlandesgericht
München
– Strafsenat –

Betreff: Ermittlungsverfahren der Staatsanwaltschaft München II
– 32 Js 1560/97 –

gegen

Hüstler Georg, geb. am 25. 11. 1963 in Hamburg, verheirateter Angestellter, wohnhaft in 85354 Freising, Wippenhauserstr. 48, wegen Betruges

Klageerzwingungsantrag

Namens und im Auftrag meines Mandanten, Erich Domberger, Architekt, Petuelstr. 17, 85356 Freising, dessen auf mich lautende Vollmacht ich beifüge,

beantrage ich

gerichtliche Entscheidung gegen den ablehnenden Bescheid des Generalstaatsanwalts beim Oberlandesgericht München vom 20. Mai 1997 dahingehend, die Erhebung der öffentlichen Klage gegen den Beschuldigten Georg Hüstler wegen Betruges zu beschließen.

Begründung:[1]

1. Nach dem Ermittlungsergebnis liegt dem Beschuldigten folgender Sachverhalt zur Last: ... *folgt Schilderung des Sachverhalts, d. h. Ort, Zeit, nähere objektive und subjektive Umstände des Tatgeschehens, und zwar so vollständig, daß sich daraus bei Unterstellung des hinreichenden Tatverdachts die Erhebung der öffentlichen Klage wegen der so beschriebenen Tat i. S. des § 264 StPO formell und materiell rechtfertigt, also auch evtl. rechtzeitig gestellten Strafantrag mit darlegen. Aus dem Vortrag muß sich auch die Verletzteneigenschaft und die Antragsbefugnis des Antragstellers ergeben.*

2. Als Beweismittel bezeichne ich:...
Alle geeigneten, eventuell auch neuen Beweismittel sind anzuführen, und zwar auch die zu den formellen Behauptungen, also etwa zur Antragsberechtigung Angehöriger die entsprechenden Geburtsurkunden.
3. Wegen dieses Sachverhalts hat mein Mandant am ... bei der Staatsanwaltschaft München II schriftlich Anzeige erstattet. Die Staatsanwaltschaft hat das Ermittlungsverfahren am ... gemäß § 170 Abs. 2 StPO eingestellt. Zur Begründung hat sie ausgeführt: ...
4. Gegen diesen, meinem Mandanten am ... zugestellten Einstellungsbescheid hat mein Mandant schriftlich am ...[2] bei der Staatsanwaltschaft München II Beschwerde eingelegt und darauf hingewiesen, daß *...folgt Darlegung des Beschwerdevorbringens.*
Der Oberstaatsanwalt beim Landgericht München II hat der Beschwerde mit folgender Begründung nicht abgeholfen: ...
5. Der Generalstaatsanwalt beim Oberlandesgericht München hat mit Bescheid vom ... die Beschwerde als unbegründet verworfen und dazu im wesentlichen ausgeführt: ...
6. Dieser, meinem Mandanten am ...[2] zugestellte Bescheid entspricht nicht der Sach- und Rechtslage.
Vielmehr besteht ein zur Anklageerhebung hinreichender Verdacht gegen den Beschuldigten, weil ... *(folgt Darlegung, aus welchen tatsächlichen oder rechtlichen Gründen die im ablehnenden Bescheid angeführten Erwägungen nicht zutreffen einschließlich entsprechender Hinweise auf die Beweislage und die Geeignetheit vorhandener Beweismittel).*

Anlage: 1 Vollmacht
... (evtl. Urkunden als Beweismittel zum Sachvortrag)

Dr. Heumüller
(Dr. Heumüller)
Rechtsanwalt

Anmerkungen

1. Bezugnahmen auf Schriftstücke, auch auf Bescheide der Staatsanwaltschaft, sind unzulässig (vgl. Kleinknecht/Meyer-Goßner, § 172 RdNr. 30).
2. Die Beschwerdefrist gegen den Einstellungsbescheid der Staatsanwaltschaft beträgt 2 Wochen (§ 172 Abs. 1 Satz 1 StPO). Eine verspätete Beschwerde wird als Dienstaufsichtsbeschwerde behandelt. In diesem Falle ist das Klageerzwingungsverfahren ausgeschlossen, auch wenn der Bescheid des Generalstaatsanwalts äußerlich dem Bescheid nach § 172 Abs. 2 Satz 1 StPO ähnelt, gegen den innerhalb eines Monats ab Bekanntmachung Antrag auf gerichtliche Entscheidung gestellt werden kann.

Nr. 35

Nr. 35. Strafbefehl

Amtsgericht München	An das
442 Cs 61 Js 36948/97	Amtsgericht München
	– Strafrichter –

I. Herrn	Ich beantrage, den nachstehenden
Herbert Schuster	Strafbefehl zu erlassen.
geb. 10. 12. 1961 in Plattling	München, 26. 6. 1997
Kaufmann	Staatsanwaltschaft bei dem Landge-
Plinganserstr. 57	richt München I
81369 München	Dr. Rieß
	Staatsanwalt

Verteidiger: RA. Dr. Max Hornung, Maximilianstr. 30, 80539 München

Die Ermittlungen der Staatsanwaltschaft ergaben folgenden Sachverhalt:

Folgt strafrechtlich erheblicher Sachverhalt nach Zeit, Ort und tatbezogenen Umständen sowie Angaben über etwa gestellten Strafantrag

z. B. Am 11. 3. 1997 gegen 11 Uhr entwendeten Sie in der Wohnung der Zeugin Anna Weigel in München, Elsenheimerstr. 10/I, eine schwarze Aktentasche mit einer Patentschrift des Geschädigten Dr. Ing. Paul Berger, um diese für sich zu verwerten.

Sie haben daher ... *folgt Wortlaut und § der verletzten Strafvorschriften*

z. B. ... einem anderen eine fremde bewegliche Sache in der Absicht rechtswidriger Zueignung weggenommen. Sie sind somit schuldig eines Vergehens des Diebstahls gemäß § 242 StGB.

Beweismittel:
a) Zeugen: Anna Weigel, Elsenheimerstr. 10/I, 80687 München,
Dr. Paul Berger, Lindenstr. 3, 85591 Vaterstetten,
KM Ernst Bauer, Pol. Präs. München

b) Urkunden: Auszug aus dem Bundeszentralregister

Auf Antrag der Staatsanwaltschaft wird gegen Sie eine Geldstrafe von 50 Tagessätzen verhängt. Der Tagessatz beträgt 40,– DM. Somit beträgt die Geldstrafe insgesamt 2.000,– DM. An die Stelle einer un-

Nr. 35

einbringlichen Geldstrafe tritt für jeden Tagessatz ein Tag Freiheitsstrafe.

Sie haben die Kosten des Verfahrens und Ihre Auslagen zu tragen.

Dieser Strafbefehl steht einem rechtskräftigen Urteil gleich und wird vollstreckt werden, wenn sie nicht innerhalb von zwei Wochen nach der Zustellung bei dem umseitig bezeichneten Amtsgericht schriftlich oder zu Protokoll der Geschäftsstelle Einspruch erheben. Der schriftlich erhobene Einspruch muß vor Ablauf der Frist beim Gericht eingehen. Mit dem Einspruch kann die Angabe der zur Verteidigung dienenden Beweismittel verbunden werden.

Bei rechtzeitigem Einspruch findet Hauptverhandlung vor dem Amtsgericht statt, sofern nicht bis zu ihrem Beginn die Staatsanwaltschaft die Klage fallen läßt oder der Einspruch zurückgenommen wird.

Die Entscheidung über die Kosten und Auslagen kann für sich allein durch sofortige Beschwerde angefochten werden, wenn der Wert des Beschwerdegegenstands 100,– DM übersteigt. Die Beschwerde ist binnen einer Woche nach der Zustellung einzulegen und muß innerhalb dieser Frist bei Gericht eingegangen sein. Die Beschwerde kann beim Amtsgericht München schriftlich oder zu Protokoll der Geschäftsstelle eingelegt werden. Zur Fristwahrung genügt auch die Einlegung bei dem Beschwerdegericht (Landgericht München I).

II. Förmlich zustellen an den Beschuldigten *(vgl. § 409 Abs. 1 Nr. 7, § 35 Abs. 2 Satz 1 StPO).*[1,2,3]

III. Wiedervorzulegen mit Einspruch oder nach Fristablauf.

München, den 30. 6. 1997

Knauer
(Knauer)
Richter am Amtsgericht

Anmerkungen

1. In Betracht kommt ferner:
    a) Zustellung an den Wahlverteidiger, dessen Vollmacht sich bei den Akten befindet, sowie an den bestellten Verteidiger (§ 145 a Abs. 1 StPO).
    b) Zustellung an einen Zustellungsbevollmächtigten des Beschuldigten (vgl. § 116 a, § 132 Abs. 1 Nr. 2 StPO).
    c) formlose Mitteilung an den gesetzlichen Vertreter des Beschuldigten (§ 409 Abs. 2 StPO).
    d) die Beifügung einer Übersetzung des Strafbefehls und der in ihm enthaltenen Einspruchsbelehrung für Ausländer (vgl. BVerfGE 40, 95 und 42, 120; Nr. 181 Abs. 2 RiStBV).

Nr. 35

2. Ersatzzustellung (§ 37 Abs. 1 StPO, §§ 181 ff. ZPO) ist zulässig (BVerfGE 25, 158 und 26, 315), nicht jedoch die öffentliche Zustellung nach § 40 StPO (str., vgl. Kleinknecht/Meyer-Goßner, § 409 RdNr. 21).
3. Der Richter hat Art und Adressat der Zustellung anzuordnen.

Nr. 36

Nr. 36. Anklageschrift

Staatsanwaltschaft
bei dem Landgericht Würzburg
12 Js 1058/97

I. Anklageschrift

in der Strafsache gegen

Hans-Joachim R a n k , geb. am 23. 4. 1960 in Berlin, deutscher Staatsangehöriger, verh. Dachdeckermeister, wohnhaft in 68309 Mannheim, Bahnhofstr. 6,

    Wahlverteidiger: Rechtsanwalt Dr. Müller
        Ruhrstr. 2, 68167 Mannheim,

In Haftsachen: Angabe der Dauer der U-Haft oder der einstweiligen Unterbringung unter Angabe des gegenwärtigen Haft- bzw. Unterbringungsortes; weiterhin Hinweis darauf, ob sich der Angeschuldigte „in dieser Sache" oder „in anderer Sache" – Az – in U-Haft bzw. in einstweiliger Unterbringung befindet.

Ist der Angeschuldigte in Strafhaft, so sind der Haftort und der voraussichtliche Entlassungstag anzugeben.

Die Staatsanwaltschaft legt auf Grund ihrer Ermittlungen dem Angeschuldigten folgenden Sachverhalt zur Last[1]:

folgt Schilderung des Sachverhalts, d. h. des historischen Ablaufs der „Tat" mit Zeit und Ort, die den Gegenstand der Anklage bildet. Die Darstellung soll möglichst kurz sein und sich auf die wesentlichen objektiven und subjektiven Tatumstände beschränken, deren Angabe notwendig, aber auch ausreichend ist, um die dem Angeschuldigten zur Last gelegten Handlungen und damit den Prozeßgegenstand i. S. des § 264 StPO genau und eindeutig zu umreißen. Die Schilderung des Sachverhaltes hat dabei immer vom verletzten Straftatbestand auszugehen.

Alle Tatsachenfeststellungen, die nicht zur „Bezeichnung der Tat" gehören, insbesondere die Vorgeschichte und alle Nebenumstände der Tat, sind beim „wesentlichen Ergebnis der Ermittlungen" darzustellen, sofern ein solches beigefügt wird, vgl. § 200 Abs. 2 StPO.

Nr. 36

Der Angeschuldigte wird daher beschuldigt,

folgt Wiedergabe des gesetzlichen Tatbestandes der dem Angeschuldigten zur Last gelegten Straftat in einem Nebensatz oder mehreren aneinander gereihten Nebensätzen im Infinitiv,

z. B.: mit Gewalt einem anderen eine fremde bewegliche Sache in der Absicht weggenommen zu haben, sich diese rechtswidrig zuzueignen,

daran anschließend kann die Bezeichnung des anzuwendenden Strafgesetzes entweder in der Form gebracht werden: „und sich dadurch eines Verbrechens ... nach § ... StGB schuldig gemacht zu haben", oder es können nach der Angabe der verletzten Strafvorschriften die entsprechenden §§ in einer neuen Zeile lediglich in Klammern angefügt werden. Bei Vorliegen mehrerer Straftatbestände ist auch anzuführen, ob Tateinheit oder Tatmehrheit angenommen wird. Eine evtl. Beschränkung der Strafverfolgung gemäß § 154 a StPO (vgl. oben Nr. 33 Anm. 1) ist hier zu vermerken.

Wesentliches Ergebnis der Ermittlungen:[2,3]

In diesem Abschnitt sind in knapper Form alle die Angaben zu bringen, die für das weitere gerichtliche Verfahren von Bedeutung sind, wie Einlassung des Angeschuldigten, beabsichtigte Beweisführung, etwaige einschlägige Vorstrafen oder sonstige täterbezogene Umstände der Tat, ganz ausnahmsweise Rechtsausführungen (etwa zur Verjährung).

z. B.: Der Angeschuldigte räumt den äußeren Sachverhalt der Wegnahme des Geldkoffers ein. Er gibt jedoch an, er habe dabei keine Gewalt angewandt.
Die Einlassung des Angeschuldigten wird jedoch durch die Aussage des Zeugen Schulze und das Gutachten des Sachverständigen Dr. Weinberg vom ... über die Verletzungen des Zeugen Schulze widerlegt. Danach ...

Zur Aburteilung ist das Landgericht Würzburg – Strafkammer – zuständig (§§ 24, 74, 76 GVG; §§ 7, 8 StPO).

Ich beantrage

a) die Anklage zur Hauptverhandlung vor dem Landgericht Würzburg – Strafkammer – zuzulassen,

b) *In Haftsachen:*
die Fortdauer der Untersuchungshaft des Angeschuldigten anzuordnen, weil die Haftgründe fortbestehen.
Haftprüfungstermin nach § 117 Abs. 5 StPO: ....

oder:
Ablauf der in § 121 Abs. 2 StPO bezeichneten Frist: . . . .
oder:
Nächster Prüfungstermin i. S. des § 122 Abs. 4 StPO: . . . .
c) *Falls der Angeschuldigte noch keinen Verteidiger hat und ein Fall notwendiger Verteidigung vorliegt:*
dem Angeschuldigten einen Verteidiger zu bestellen.
d) einen Termin zur Hauptverhandlung anzuberaumen.
Als Beweismittel bezeichne ich:
1. Zeugen: . . .
2. Sachverständige: . . .
3. Urkunden: . . .
4. Sonstige Beweismittel: . . .
II. Register.[4]
III. Mit Akten
an den
Herrn Vorsitzenden der
Großen Strafkammer des
Landgerichts Würzburg

Würzburg, den 24. 5. 1997

Hamburger
(Hamburger)
Staatsanwalt

Anmerkungen

1. In manchen Bundesländern wird der Anklagesatz anders aufgebaut, z. B. in Nordrhein-Westfalen wie folgt:

Anklageschrift

Der Dachdeckermeister Hans-Joachim Rank, geb. am 23. 4. 1960 in Berlin, wohnhaft in . . ., Deutscher, verheiratet, wird angeklagt,
in . . . am . . .
durch zwei selbständige Taten *folgt die Wiedergabe der gesetzlichen Tatbestandsmerkmale*
z. B.
1. einem anderen mit Gewalt fremde bewegliche Sachen in der Absicht rechtswidriger Zueignung weggenommen zu haben
2. . . .
Dem Angeschuldigten wird folgendes zur Last gelegt: *folgt Schilderung des Sachverhalts, d. h. des historischen Ablaufs der „Tat", die Gegenstand der Anklage ist*
Vergehen strafbar nach *folgt die Bezeichnung der verletzten Strafvorschriften*
Beweismittel: . . .

Nr. 36

Wesentliches Ergebnis der Ermittlungen
(soweit erforderlich)

2. Anklageschriften zum Amtsrichter als Strafrichter brauchen das wesentliche Ergebnis der Ermittlungen nicht darzustellen (§ 200 Abs. 2 S. 2 StPO).
3. Bei Anklagen zur Großen Strafkammer des Landgerichts sind anschließend an das wesentliche Ergebnis der Ermittlungen im Falle des § 24 Abs. 1 Nr. 3 GVG etwaige Feststellungen über die besondere Bedeutung des Falles zu treffen.
4. Wegen des in der Praxis häufig vorkommenden Falles von Teileinstellung und Anklageerhebung vgl. oben Nr. 33 Anm. 1.

Nr. 37

b) Zwischenverfahren

Nr. 37. Eröffnungsbeschluß

Amtsgericht Hof Haft!
Az: 3 Ls 2 Js 67/97

I. Beschluß:

In dem Strafverfahren gegen
Georg Schulz, geb. am 13. 11. 1964 in Brünn, deutscher
    Staatsangehöriger, verh., Porzellanmaler, wohnhaft
    in 95100 Selb, Marktplatz 6,

wegen Meineides
erläßt das Amtsgericht Hof – Strafgericht – durch Richter am Amtsgericht Kreuzer am 24. 6. 1997 folgenden

Eröffnungsbeschluß:

Die Anklage der Staatsanwaltschaft beim Landgericht Hof vom 28. 4. 1997 – 2 Js 67/97 – wird – evtl. mit folgenden Änderungen .... – zur Hauptverhandlung vor dem Amtsgericht Hof – Schöffengericht – zugelassen (§§ 7, 8, 203, 207 StPO, §§ 24, 25 GVG).
Gem. §§ 207 Abs. 4, 112 StPO wird die Fortdauer der Untersuchungshaft des Angeklagten beschlossen, weil Fluchtgefahr besteht.
Nächster Haftprüfungstermin: 24. 7. 1997.

II. Verfügung:
  1. Beschluß zustellen an
     Angeklagten (Bl. . . . .)
     Verteidiger (Bl. . . . . .)
     Von der Haftfortdauer sind zu benachrichtigen: . . . .
  2. Termin zur Hauptverhandlung vor dem Schöffengericht wird bestimmt
     auf . . . . , den . . . . , ... Uhr
     Sitzungssaal . . . . . . , Hof, Amtsgerichtsgebäude
  3. Zu laden sind:
     a) der Angeklagte (Bl. . . . .)
     b) der Verteidiger (Bl. . . . .)
     die Zeugen
     c) . . . . . . (Bl. . . . . . .)
     d) . . . . . . (Bl. . . . . . .)
     e) . . . . . . (Bl. . . . . . .)

Nr. 37

    f) der Sachverständige ...... (Bl. ......)
    g) der Dolmetscher ......
4. Terminmitteilung an die Staatsanwaltschaft Hof
5. Verhandlungskalender, Register
6. WV. ... Tage vor dem Termin

Kreuzer
(Kreuzer)
Richter am Amtsgericht

Anmerkung

Bei der **Nichteröffnung** (vgl. § 204 StPO) muß aus den Gründen des Beschlusses eindeutig hervorgehen, ob die Entscheidung auf tatsächlichen oder Rechtsgründen beruht, um Klarheit darüber zu schaffen, ob eine Sachentscheidung oder eine Prozeßentscheidung getroffen ist. Wegen des Strafklageverbrauchs bei Sachentscheidung (§ 211 StPO) ist in den Gründen der Tatvorwurf (vgl. § 264 StPO) in einer jede Verwechslung ausschließenden Weise zu beschreiben. Zugleich ist über Kosten und evtl. Entschädigung (vgl. §§ 464, 467, 470 StPO, § 8 StrEG) und evtl. über die Aufhebung eines Haftbefehls (§ 120 Abs. 1 Satz 2 StPO) oder Unterbringungsbefehls (§ 126 a Abs. 3 StPO) oder einer Beschlagnahme zu entscheiden. Zur Bekanntmachung des Nichteröffnungs-Beschlusses vgl. Kleinknecht/Meyer-Goßner § 204 RdNr. 12.

c) Hauptverfahren

Nr. 38. Strafurteil erster Instanz

Landgericht Kassel
1 KLs 13 Js 12034/97

Im Namen des Volkes!

Urteil

In der Strafsache gegen

Henning Volkert,[1] geboren am 18. 6. 1965 in Mildenberg, deutscher Staatsangehöriger, verheirateter Walzenführer, wohnhaft in 34125 Kassel, Hauffstr. 37,

wegen Raubes

hat die 1. Strafkammer des Landgerichts Kassel in der öffentlichen Sitzung vom 26. 5. 1997, an der teilgenommen haben:
1. Vorsitzender Richter am Landgericht Dr. Ernst als Vorsitzender,
2. Richter am Landgericht Hager und Richterin Stock als Beisitzer[4],
3. die Schöffen
   a) Irmgard Gehling, Hausfrau in Kassel,
   b) Max Müller, Kaufmann in Kassel,
4. Staatsanwalt Kraft als Vertreter der Anklagebehörde,
5. Rechtsanwalt Dr. Manfred Drechsler, Kassel, als Verteidiger,
6. Justizassistent Danner als Urkundsbeamter der Geschäftsstelle,

für Recht erkannt:[2]

Der Angeklagte ist schuldig eines Verbrechens des Raubes. Er wird deshalb zu einer Freiheitsstrafe von 3 Jahren und 4 Monaten verurteilt.

Der Angeklagte hat die Kosten des Verfahrens und seine Auslagen zu tragen.

Angewandte Strafvorschrift: § 249 StGB.

Nr. 38

Gründe:[3]

Für das verurteilende Erkenntnis ergibt sich folgender Aufbau:
1. *Tatsächliche Feststellungen (Sachverhaltsschilderung) nach der Überzeugung des Gerichts, und zwar hinsichtlich des äußeren Tatbestandes, des inneren Tatbestandes und der in § 267 Abs. 2 StPO genannten Umstände (Imperfekt). Zu beginnen ist mit der Schilderung der persönlichen Verhältnisse des Angeklagten, soweit sie für Beweiswürdigung und Strafzumessung von Bedeutung sind. Am Ende des Abschnittes wird angegeben, auf welchen Beweismitteln die Feststellungen beruhen.*
2. *Beweiswürdigung, wobei mit der Einlassung des Angeklagten begonnen wird*
3. *Rechtliche Erörterung unter Anführung des Strafgesetzes*
4. *Begründung der Strafzumessung. Zu würdigen sind insbesondere:*
   a) die Umstände, die für und gegen den Täter sprechen (§ 46 StGB)
   und je nach Lage des Falles:
   b) besondere Umstände, die in der Tat oder der Persönlichkeit des Täters liegen und eine Freiheitsstrafe unter 6 Monaten unerläßlich machen (§ 47 StGB),
   c) die Strafaussetzung zur Bewährung (§ 56 StGB)
   Bei Gesamtstrafe (§ 53 StGB) sind erst die Einzelstrafen nach § 46 StGB zuzumessen, dann ist die sog. Einsatzstrafe, d. h. die höchste oder bei verschiedenen Strafarten die schwerste Einzelstrafe zu ermitteln, schließlich mit Zumessenserwägungen diese im Rahmen von § 54 Abs. 2 StGB zur angemessenen Gesamtstrafe zu erhöhen.
5. *Begründung zu etwaigen Nebenstrafen, Nebenfolgen oder Maßregeln der Besserung und Sicherung.*
6. *Begründung der Kostenentscheidung.*

Ernst	*Hager*	*Stock*[4]
(Dr. Ernst)	(Dr. Ernst)	(Stock)

Anmerkungen

1. Angabe der großen Personalien

Die Vornamen (Rufname unterstreichen), der Familienname, ein etwa abweichender Geburtsname, Beruf, Wohnort, Familienstand, Geburtstag und Geburtsort (Landkreis), Staatsangehörigkeit; bei Minderjährigen Name und Anschrift des gesetzlichen Vertreters.

Nr. 38

2. Urteilsformeln (Beispiele)
   A. Verurteilung
   a) Tateinheit:
   „Der Angeklagte ist schuldig des Betruges, rechtlich zusammentreffend (oder: in Tateinheit) mit Urkundenfälschung. Er wird deshalb zur Geldstrafe von 80 Tagessätzen zu je 40,- DM verurteilt. Der Angeklagte trägt die Kosten des Verfahrens und seine Auslagen."
   b) Tatmehrheit; Aussetzung zur Bewährung:
   „Der Angeklagte ist schuldig eines Vergehens des Diebstahls, sachlich zusammentreffend (*oder*: in Tatmehrheit) mit einem Vergehen des Betruges. Er wird deshalb zur Gesamtfreiheitsstrafe von 8 Monaten verurteilt. Die Vollstreckung der erkannten Freiheitsstrafe wird zur Bewährung ausgesetzt. Der Angeklagte trägt die Kosten des Verfahrens und seine Auslagen."
   c) Mehrere Täter, Teilfreispruch:
   Fall: A, B und C sind Mittäter eines Raubes; außerdem werden sie der Mittäterschaft eines dazu in Tatmehrheit stehenden Betruges beschuldigt; insoweit ist aber nur A überführt:
   „Es sind schuldig die Angeklagten A, B und C eines (gemeinschaftlich begangenen) Verbrechens des Raubes und A außerdem eines damit sachlich zusammentreffenden Vergehens des Betruges.
   Es werden deshalb verurteilt:
   A zur Gesamtfreiheitsstrafe von 3 Jahren
   B zur Freiheitsstrafe von 2 Jahren 6 Monaten
   C zur Freiheitsstrafe von 2 Jahren 4 Monaten.
   Im übrigen werden die Angeklagten B und C freigesprochen. Soweit die Angeklagten verurteilt sind, tragen sie die Kosten des Verfahrens und ihre Auslagen; soweit die Angeklagten B und C freigesprochen sind, fallen die Verfahrenskosten und ihre notwendigen Auslagen der Staatskasse zur Last."
   Nach der im Hinblick auf § 260 Abs. 4 Satz 6 StPO wohl zu engen Auffassung des BGH (MDR 1978, 154, NStZ 1984, 262, 263 und NJW 1986, 1117, anders noch MDR 1975, 543) sind Zusätze wie „Vergehen", „Verbrechen", „rechtlich zusammentreffend", „sachlich zusammentreffend", „fortgesetzt", „gemeinschaftlich begangen", „in einem schweren Fall" oder „in einem minder schweren Fall" wegzulassen. Gegen die Angaben Tatmehrheit („und") und Tateinheit erhebt auch der BGH keine Einwendungen; aber auch die Bezeichnung als fortgesetzte Tat – soweit eine solche nach der Entscheidung BGH NJW 1994, 1663 überhaupt noch in Betracht kommen kann – erscheint in der Urteilsformel im Hinblick auf einen etwaigen Strafklageverbrauch zur Klarheit zweckmäßig.
   d) Teilverurteilung/Teileinstellung:
   (Beachte: teilweise Freisprechung hat grundsätzlich nur dann zu erfolgen, wenn vom Standpunkt des Eröffnungsbeschlusses aus eine von mehreren im materiellen Sinn tatmehrheitlichen Handlungen unter keinem rechtlichen Gesichtspunkt strafbar ist; bei Tateinheit wird nur in den Gründen ein entfallender rechtlicher Gesichtspunkt erörtert. Vgl. Kleinknecht/Meyer-Goßner, StPO, § 260 RdNr. 10–18.)
   „Der Angeklagte wird wegen vorsätzlicher Körperverletzung zur Geldstrafe von 30 Tagessätzen zu je 40,- DM verurteilt, im übrigen wird er freigesprochen (oder: das Verfahren eingestellt)."

87

Nr. 38

Soweit der Angeklagte verurteilt ist, trägt er die Verfahrenskosten und seine Auslagen; soweit er freigesprochen ist (oder: soweit das Verfahren eingestellt worden ist), fallen die Verfahrenskosten und die notwendigen Auslagen des Angeklagten der Staatskasse zur Last."

e) Inhalt der Urteilsformel im übrigen:
  (1) Nebenstrafen und Nebenfolgen wie
    – Verlust der Amtsfähigkeit und Wählbarkeit im Fall des § 45 Abs. 2 StGB
    – Fahrverbot
    – Öffentliche Bekanntmachung der Verurteilung
  (2) Einziehung und Verfall
    – Verfall von Vermögensvorteil aus der Tat
    – Einziehung von Gegenständen (genau bezeichnen!)
  (3) Maßregeln der Besserung und Sicherung wie
    – Unterbringung in einem psychiatrischen Krankenhaus
    – Unterbringung in einer Entziehungsanstalt
    – Unterbringung in Sicherungsverwahrung
    – Führungsaufsicht
    – Entziehung der Fahrerlaubnis und Sperrfrist
    – Berufsverbot
  (4) Nichtanrechnung der erlittenen Untersuchungshaft (Ausnahme!)
  (5) Strafaussetzung zur Bewährung (vgl. oben 2 A b)
    Beachte: Die Einzelanordnungen über die Aussetzung, nämlich die Bestimmung der Bewährungszeit und die Bewährungsauflagen gehören nicht in die Urteilsformel, sondern in einen gesonderten, mit dem Urteil zu verkündenden Beschluß (§ 268 a StPO); ebenso Entscheidungen über die Haftfortdauer (§ 268 b StPO).
  (6) Verwarnung mit Strafvorbehalt (§ 59 StGB). Die Einzelanordnungen hierzu (§ 59 a StGB) sind ebenfalls in einem gesonderten Beschluß zu treffen (§ 268 a StPO).

B. Freisprechendes Urteil:
„Der Angeklagte wird freigesprochen.
Die Verfahrenskosten und die notwendigen Auslagen des Angeklagten fallen der Staatskasse zur Last."
oder:
„Der Angeklagte wird freigesprochen. Die Verfahrenskosten trägt die Staatskasse; seine Auslagen trägt der Angeklagte selbst" (Fall des § 467 Abs. 3 StPO).

C. Einstellendes Urteil:
„Das Strafverfahren gegen den Angeklagten wird eingestellt.
Die Kosten des Verfahrens (*evtl.* und die notwendigen Auslagen des Angeklagten, *sofern nicht § 467 Abs. 3 und 4 StPO gegeben ist*) fallen der Staatskasse zur Last."

3. Urteilsgründe

A. Bei Freispruch müssen die Urteilgründe ergeben, ob der Angeklagte nicht überführt oder ob und aus welchen Gründen die für erwiesen angenommene Tat für nicht strafbar erachtet worden ist (§ 267 Abs. 5 Satz 1 StPO), d. h. ob der Freispruch auf tatsächlichen oder rechtlichen Gründen beruht. Danach richtet sich auch der regelmäßige Aufbau.

Bei Freispruch aus tatsächlichen Gründen:
Wiedergabe des im Eröffnungsbeschluß zugelassenen Anklagesatzes (§ 200 Abs. 1 StPO), d. h. des „historischen" Schuldvorwurfs i. S. von § 264 StPO.
Erwiesener Sachverhalt.
Nicht erwiesener Sachverhalt.
Beweiswürdigung.
Rechtliche Erörterung, soweit noch nötig.
Entscheidung zu Kosten und notwendigen Auslagen.
Bei Freispruch aus Rechtsgründen:
Schilderung der erwiesenen Tat.
Darlegung, aus welchen Gründen diese Tat nicht strafbar ist.
Entscheidung über Kosten und notwendige Auslagen.

B. Bei Einstellung:
Wiedergabe des Anklagevorwurfs.
Rechtliche Erörterung des Prozeßhindernisses.
Kosten.

C. Abgekürztes Urteil (vgl. § 267 Abs. 4 und 5 StPO).

4. **Besetzung**

Gemäß § 76 Abs. 2 GVG i. d. F. des RechtspflegeentlastungsG v. 11. 1. 1993 kann die große Strafkammer auch mit nur zwei Berufsrichtern und 2 Schöffen besetzt sein.

Nr. 39

d) Privatklageverfahren

Nr. 39. Privatklageschrift

Dr. Hans Lang
Rechtsanwalt

01919 Kamenz, 28. 6. 1997
Lessingstr. 13

An das
Amtsgericht Kamenz
– Strafgericht –

Privatklage

in Sachen

Rudolf Kunz, verw. Rentner, Bahnhofstr. 3, 01919 Kamenz,
– Privatkläger –

gegen

Georg Meier, Kaufmann, Semperstr. 14, 01919 Kamenz,

wegen Körperverletzung

In obiger Sache erhebe ich namens des Verletzten Privatklage zum Amtsgericht Kamenz mit dem Antrag, das Hauptverfahren zu eröffnen und Termin zur Hauptverhandlung zu bestimmen.

Begründung:

Angabe des strafrechtlichen Sachverhalts (wie Anklageschrift, vgl. oben Nr. 36)

Damit hat der Beklagte ein Vergehen der Körperverletzung (§ 223 StGB) begangen.

Als Beweismittel bezeichne ich:
1. ...
2. ...

Gleichzeitig stelle ich namens des Verletzten Strafantrag wegen Körperverletzung.

Anlagen: Vollmacht
Sühneversuchszeugnis[1]

Lang
(Dr. Lang)
Rechtsanwalt

Nr. 39

Anmerkung

1. Ohne das Sühneversuchszeugnis wird die Privatklage als unzulässig abgewiesen (vgl. § 380 Abs. 1 Satz 2 StPO).

Nr. 40

Nr. 40. Urteil im Privatklageverfahren

Amtsgericht Stuttgart
Az: 6 Bs 21/97

Im Namen des Volkes!

Urteil

In der Privatklagesache

Hubert Landmann,[1] geb. am 30. 4. 1965 in Stuttgart, deutscher Staatsangehöriger, verheirateter Kaufmann, wohnhaft in 70597 Stuttgart, Obere Weinsteige 27,
– Privatkläger und Widerbeklagter –

vertreten durch Rechtsanwalt Dr. Karl Martin, Beethovenstr. 1, 70195 Stuttgart,

gegen

Hans Georg Pfäffle, geb. am 12. 3. 1963 in Stuttgart, deutscher Staatsangehöriger, verheirateter Angestellter, wohnhaft in 70435 Stuttgart, Alemannenstr. 14,
– Angeklagter und Widerkläger –

vertreten durch Rechtsanwalt Dr. Georg Huber, Römerstr. 14, 70180 Stuttgart,

wegen Beleidigung u. a.

hat das Amtsgericht Stuttgart – Strafgericht – in der öffentlichen Sitzung vom 2. 5. 1997, an der teilgenommen haben:

1. Richterin am Amtsgericht Dr. Groß,
2. Justizsekretär Brenner als Urkundsbeamter der Geschäftsstelle,

für Recht erkannt:[2]

I. Das Verfahren der Privatklage und Widerklage wird eingestellt.
II. Privatkläger und Widerkläger tragen die Kosten des Verfahrens und die notwendigen Auslagen zu gleichen Teilen.[3]

Gründe:

Siehe Strafurteil (Nr. 38)

Groß
(Dr. Groß)
Richterin am Amtsgericht

Anmerkungen

1. Wenn keine Widerklage vorliegt, genügt die Angabe der kleinen Personalien des Privatklägers:
Hubert Landmann, Kaufmann, 70597 Stuttgart, Obere Weinsteige 27.
2. Zur Fassung des Tenors in Privatklageverfahren:
Hier besteht kein Unterschied zum Verfahren auf erhobene öffentliche Klage.
Unrichtig daher: die Privatklage wird zurückgewiesen.
Sondern z. B.: Der Angeklagte wird freigesprochen.
Vgl. im übrigen bei „Strafurteil" (Nr. 38).
3. Zur Kostenentscheidung vgl. § 471 Abs. 3 StPO.

Nr. 41

e) Rechtsmittelverfahren

Nr. 41. Berufungs-(Revisions-)einlegung

Dr. Hans Hübner 55130 Mainz, 19. 11. 1996
Rechtsanwalt Lange Straße 11

An das
Amtsgericht Mainz[1]
– Strafgericht –

In der Strafsache gegen

Heinrich A l b e r t, Angestellter, Haydnstr. 7, 55130 Mainz,

wegen Diebstahls u. a.
Az: 1 Ls 3 Js 362/96

lege ich unter Vollmachtsvorlage für den Angeklagten gegen das Urteil des Amtsgerichts Mainz – Strafgericht – vom 18. 11. 1996

Berufung (Revision)[2]

ein.

Dr. Hübner
(Dr. Hübner)
Rechtsanwalt

Anmerkungen
1. Adressat ist das Ausgangsgericht (§ 314 Abs. 1 und § 341 Abs. 1 StPO).
2. Vgl. § 335 StPO.

Nr. 42. Berufungsurteil

Landgericht Bamberg
Az: 3 Ns 27 Js 328/97

Im Namen des Volkes!

Urteil

In der Strafsache gegen

Konrad Schwab, geboren am 27. 7. 1970 in Dortmund, deutscher Staatsangehöriger, verheirateter Dreher, wohnhaft in 44139 Dortmund, Essener Str. 2,

wegen Körperverletzung u. a.

hat die 3. Strafkammer des Landgerichts Bamberg in der öffentlichen Sitzung vom 15. 5. 1997, an der teilgenommen haben:

1. Vorsitzender Richter am Landgericht Dr. Oberndorfer
2. die Schöffen
   a) Erwin Schreiber, Kaufmann in Bamberg
   b) Maria Reimann, Hausfrau in Bamberg
3. Staatsanwalt Dr. Meier als Vertreter der Anklagebehörde,
4. Rechtsanwalt Gerhard Großmann, Bamberg, als Verteidiger,
5. Justizsekretär Müller als Urkundsbeamter der Geschäftsstelle

für Recht erkannt:[1]

I. Auf die Berufung des Angeklagten wird das Urteil des Amtsgerichts Bamberg vom 25. 11. 1996 aufgehoben.
II. Der Angeklagte wird freigesprochen.
III. Die Verfahrenskosten und die notwendigen Auslagen des Angeklagten fallen der Staatskasse zur Last.

Gründe:

1. Wiedergabe des Straferkenntnisses erster Instanz,
2. Bericht über die Berufungseinlegung,
3. Im übrigen entspricht der Aufbau des Berufungsurteils dem des verurteilenden, freisprechenden oder einstellenden Strafurteils erster Instanz; vgl. Nr. 38

Dr. Oberndorfer
(Dr. Oberndorfer)
Vors. Richter am Landgericht

Nr. 42

Anmerkung

1. **Beispiele für Urteilsformeln**
    A. Die Berufung ist unzulässig oder unbegründet
       I. Die Berufung des Angeklagten gegen das Urteil des Amtsgerichts Bamberg vom 24. 11. 1996 wird verworfen.
       II. Die Kosten des Berufungsverfahrens und seine eigenen Auslagen fallen dem Angeklagten zur Last.
    B. Die Berufung ist nur teilweise begründet
       I. Auf die Berufung des Angeklagten wird das Urteil des Amtsgerichts Bamberg vom 24. 11. 1996 aufgehoben.
       II. Der Angeklagte wird wegen Diebstahls zu einer Freiheitsstrafe von 6 Monaten verurteilt. Im übrigen wird er freigesprochen.
       III. Die Kosten des Verfahrens und seine Auslagen fallen dem Angeklagten, soweit er verurteilt ist, zur Last; soweit er freigesprochen ist, trägt die Staatskasse die Verfahrenskosten und die notwendigen Auslagen des Angeklagten.
    C. Die Berufung wurde von vornherein auf das Strafmaß beschränkt
       I. Auf die Berufung des Angeklagten wird das Urteil des Amtsgerichts Bamberg vom 20. 12. 1996 im Strafmaß aufgehoben.
       II. Der Angeklagte wird zu einer Freiheitsstrafe von 4 Monaten verurteilt.
       III. Die Kosten des Berufungsverfahrens und die notwendigen Auslagen des Angeklagten fallen der Staatskasse zur Last *(vgl. § 473 Abs. 3 StPO).*

Nr. 43. Revisionsbegründung

Dr. Fritz Auer
Rechtsanwalt

94469 Deggendorf, 7. 12. 1996
Lange Straße 11

An das Landgericht Deggendorf
– 2. Strafkammer –

Revisionsbegründung

in der Strafsache gegen

Max Binder, wegen Diebstahls u. a.
Az: 2 Kls 1 Js 3041/96

Zu der am 15. 11. 1996 eingelegten Revision gegen das Urteil des Landgerichts Deggendorf vom 11. 11. 1996:
Ich beantrage:[1]

I. Das Urteil des Landgerichts Deggendorf vom 11. 11. 1996 wird (evtl. mit den ihm zugrunde liegenden Feststellungen) aufgehoben.
II. Die Sache wird an eine andere Strafkammer des Landgerichts Deggendorf (*oder:* an ein anderes Landgericht) zu erneuter Verhandlung und Entscheidung zurückverwiesen.

Begründung:

I. Ich rüge die Verletzung formellen Rechts:[2]
Hier sind Verfahrensverstöße einzeln jeweils in folgender Reihenfolge darzustellen:

a) *Angabe der prozessualen Tatsache, die einen Verfahrensverstoß begründet (unerläßlich, § 344 Abs. 2 StPO)*
z. B. Nach den Schlußvorträgen und dem letzten Wort des Angeklagten wurde der Angeklagte auf die Veränderung des rechtlichen Gesichtspunktes hingewiesen. Er erklärte hierzu nichts. Staatsanwalt und Verteidiger wiederholten ihre Anträge. Danach erhielt der Angeklagte nicht mehr das letzte Wort.

b) *Angabe des Gesetzes, gegen das im Prozeß verstoßen wurde: (nicht unerläßlich, aber zweckmäßig)*
z. B. Damit ist gegen § 258 Abs. 2 und 3 StPO verstoßen. Dem Angeklagten gebührt auch nach Wiederaufnahme der Verhandlung erneut das letzte Wort.

c) *Angabe der Kausalität (§§ 337, 338 StPO)*. Eine nähere Begründung der Kausalität ist nur im Falle des § 337 StPO zweckmäßig, da § 338 StPO eine unwiderlegliche Vermutung aufstellt, z. B. Das Urteil beruht darauf (§ 337 Abs. 1 StPO), weil möglicherweise die unterbundene letzte Erklärung des Angeklagten das Gericht zu einer anderen Entscheidung veranlaßt hätte.

II. Ich rüge ferner die Verletzung materiellen Rechts:[3]
nähere Ausführungen hierzu sind – anders als in der ZPO-Revision – nicht notwendig, jedoch zweckmäßig; z. B.:
1. Das Gericht hat ein Tatbestandsmerkmal der Hehlerei, § 259 StGB, nämlich ‚Ausnützen der Vortat zu eigenem Vorteil' strafschärfend berücksichtigt und damit gegen § 46 Abs. 3 StGB verstoßen.
2. Das Gericht hat zu Unrecht die Strafaussetzung zur Bewährung nicht geprüft, § 56 StGB.

Dr. Auer
(Dr. Auer)
Rechtsanwalt

Anmerkungen

1. Der Inhalt der Revisionsanträge richtet sich nach der begehrten Urteilsformel des Revisionsurteils mit einem aufhebenden und einem zur Sache entscheidenden Teil. Beachte, daß unter bestimmten Umständen das Urteil erster Instanz und das Berufungsurteil aufgehoben werden müssen (wenn etwa das Amtsgericht verurteilt und das Landgericht die Berufung verworfen hat, das Revisionsgericht aber freisprechen will).
Als Entscheidungen des Revisionsgerichts kommen in Betracht:
a) Unbegründetheit oder Unzulässigkeit der Revision:
„Die Revision des Angeklagten gegen das Urteil des Landgerichts Deggendorf vom 11. 11. 1996 wird verworfen. Die Kosten des Rechtsmittels treffen den Angeklagten."
b) Das Landgericht Deggendorf war unzuständig:
„Das Urteil des Landgerichts Deggendorf vom 11. 11. 1996 wird aufgehoben. Die Sache wird zu erneuter Verhandlung und Entscheidung an das zuständige Landgericht Passau verwiesen."
c) Die Feststellungen des Landgerichts Deggendorf sind nicht zu beanstanden, aber das Gesetz ist falsch angewandt:
– weitere Klärung, sei es auch nur zum Strafmaß, nötig:
„Das Urteil des Landgerichts Deggendorf vom 11. 11. 1996 wird aufgehoben. Die Sache wird an eine andere Strafkammer des Landgerichts Deggendorf *(oder an ein anderes Landgericht)* zu erneuter Verhandlung und Entscheidung zurückverwiesen."
– keine weitere Klärung nötig:
„Das Urteil des Landgerichts Deggendorf vom 11. 11. 1996 wird aufgehoben. Der Angeklagte wird freigesprochen. Die Kosten des Verfahrens und die notwendigen Auslagen des Angeklagten trägt die Staatskasse."

Nr. 43

d) Die Feststellungen des Landgerichts beruhen auf Gesetzesverletzungen (vgl. Kleinknecht/Meyer-Goßner, § 353, RdNr. 12 ff.):
„Das Urteil des Landgerichts Deggendorf vom 11. 11. 1996 wird samt den ihm zugrunde liegenden Feststellungen *(oder: im Strafausspruch mit den zugehörigen Feststellungen)* aufgehoben. Die Sache wird an eine andere Strafkammer des Landgerichts Deggendorf *(oder ein anderes Landgericht)* zurückverwiesen."
2. Der Revisionsrichter muß bei der Prüfung der gerügten Verfahrensfehler mit den Tatsachenangaben in der Revisionsbegründung und den gesetzlichen Bestimmungen auskommen können.
3. Der Revisionsrichter darf nur prüfen, ob das materielle Strafrecht auf den im tatrichterlichen Urteil festgestellten Sachverhalt richtig angewendet worden ist.

Nr. 44

Nr. 44. Beschwerdeentscheidung

Landgericht Koblenz
Az: 1 Qs 256/97

In dem Strafverfahren gegen

Karl Baumann, geboren am 13. 2. 1969 in Koblenz, verheirateter Zimmermann, wohnhaft in 56076 Koblenz, Rheinuferstr. 38,

wegen Hausfriedensbruchs u. a.

erläßt die 2. Strafkammer des Landgerichts Koblenz am 28. 4. 1997 durch Vorsitzende Richterin am Landgericht Dr. Strauß, Richter am Landgericht Reuter und Richter Dr. Dietl folgenden

Beschluß:

I. Die sofortige Beschwerde des Nebenklägers gegen den Beschluß des Amtsgerichts Koblenz vom 27. 1. 1997 – Ds 3 Js 489/97 – wird als unzulässig verworfen.
II. Der Beschwerdeführer hat die Kosten des Beschwerdeverfahrens zu tragen.

Gründe:

1. Kurze Sachverhaltsschilderung
2. Rechtliche Würdigung

Strauß	Reuter	Dietl
(Dr. Strauß)	(Reuter)	(Dr. Dietl)

f) Wiederaufnahme

Nr. 45. Wiederaufnahmeantrag

Dr. Norbert Hanfstengel 64289 Darmstadt, 17. 11. 1996
Rechtsanwalt Ebertallee 192

An das
Amtsgericht Bensheim[1]
– Strafgericht –

In der Strafsache gegen

Johann Fischer, Landwirt, Hs. Nr. 15, Roßdorf, Lkr. Darmstadt,
wegen eines Vergehens der Wilderei

beantrage ich als Verteidiger des Angeklagten, gemäß § 359 Nr. 5 StPO die Wiederaufnahme des durch rechtskräftiges Urteil des Amtsgerichts Darmstadt vom 10. 4. 1994 (Ds 3 Js 822/94) abgeschlossenen Verfahrens zugunsten des Verurteilten anzuordnen und die Vollstreckung des Urteils aufzuschieben.

Begründung:

Kurze Schilderung des zur Last gelegten Sachverhalts und des Straferkenntnisses. Sodann: Gemäß § 359 Nr. 5 StPO wird folgende neue Tatsache behauptet und unter Beweis gestellt: ...

Diese Tatsache ist geeignet, die Freisprechung des Angeklagten zu begründen, weil ...

Bei dieser Sachlage ist der Aufschub der Vollstreckung geboten.

Dr. Hanfstengel
(Dr. Hanfstengel)
Rechtsanwalt

Anmerkung

1. Zur Zuständigkeit vgl. § 140 a GVG. Der Antrag kann auch bei dem Gericht eingereicht werden, dessen Urteil angefochten wird; dieses leitet dann den Antrag dem zuständigen Gericht zu (§ 367 Abs. 1 Satz 2 StPO).

Nr. 46

Nr. 46. Wiederaufnahme des Verfahrens

(1) Beschluß über die Zulässigkeit des Antrags gem. § 368 StPO

Amtsgericht Bensheim[1]
Az: 2 Ds 3 Js 822/94

In der Strafsache gegen

Johann Fischer, geb. am 12. 7. 1965 in Marxgrün, Lkr. Darmstadt, deutscher Staatsangehöriger, verh., Landwirt, wohnhaft in 64380 Roßdorf, Lkr. Darmstadt, Hs. Nr. 15,

wegen eines Vergehens der Wilderei

erläßt das Amtsgericht Bensheim durch Richter am Amtsgericht Dr. Meier am 17. 3. 1997 folgenden

Beschluß:

Der Wiederaufnahmeantrag des Angeklagten vom 17. 11. 1996 gegen das Urteil des Amtsgerichts Darmstadt vom 10. 4. 1994 – Ds 3 Js 822/94 – wird zugelassen.[2]

Gründe:

Kurze rechtliche Würdigung.

z. B. Der Angeklagte hat in dem Wiederaufnahmeantrag neue Tatsachen und Beweismittel beigebracht, die geeignet sind, seine Freisprechung zu begründen (§ 359 Nr. 5 StPO)...

Meier
(Dr. Meier)
Richter am Amtsgericht

Anmerkungen

1. Zur Zuständigkeit vgl. § 140 a GVG.
2. Der verwerfende Beschluß würde lauten:
 Der Antrag des Angeklagten auf Wiederaufnahme des durch rechtskräftiges Urteil des Amtsgerichts Darmstadt vom 10. 4. 1994 abgeschlossenen Verfahrens wird auf seine Kosten als unzulässig verworfen.

Nr. 46

(2) Beschluß über die Begründetheit des Antrags gem. § 370 StPO

Amtsgericht Bensheim[1]
Az: 2 Ds 3 Js 822/94   (Rubrum wie oben)

Beschluß:[2]

I. Die Wiederaufnahme des durch rechtskräftiges Urteil des Amtsgerichts Darmstadt vom 10. 4. 1994 (Ds 3 Js 822/94) abgeschlossenen Verfahrens wird angeordnet.
II. Die Hauptverhandlung ist zu erneuern.
III. Die Vollstreckung des bezeichneten Urteils ist aufzuschieben *(oder:* zu unterbrechen).

Gründe:

a) *Wiedergabe der wesentlichen Gründe des rechtskräftigen Urteils*
b) Der Wiederaufnahmeantrag vom 17. 11. 1996 macht hierzu folgende Tatsachen und Beweismittel geltend: *folgt Wiedergabe des Wiederaufnahmeantrags*
c) *Feststellung der Zulässigkeit des Antrags:* ......
Die nach Zulassung des Antrags durchgeführte Beweisaufnahme hat ergeben, daß ...
d) *Feststellung der Begründetheit des Antrags:* ......
e) *Begründung zu § 360 Abs. 2 StPO.*

Meier
(Dr. Meier)
Richter am Amtsgericht

Anmerkungen

1. Zur Zuständigkeit vgl. § 140 a GVG.
2. Der verwerfende Beschluß würde lauten:
Der Antrag des Angeklagten auf Wiederaufnahme des durch rechtskräftiges Urteil des Amtsgerichts Darmstadt vom 10. 4. 1994 abgeschlossenen Verfahrens wird auf seine Kosten als unbegründet verworfen.

Nr. 47

C. VERWALTUNGSRECHT

I. Erstentscheidungen der Verwaltungsbehörden

Nr. 47. Bescheid einer Kreisverwaltungsbehörde

Landratsamt Bayreuth   95444 Bayreuth, 5. 5. 1997
II/6–602–1/925/96

Gegen Postzustellungsurkunde

Frau
Dr. Waltraut Jackermeier
Nürnberger Str. 9
95448 Bayreuth

Vollzug der Baugesetze;
Neubau eines Wohnhauses auf dem Grundstück Fl. Nr. 327 Gemarkung Bayreuth
Zum Antrag auf Erteilung einer baurechtlichen Genehmigung vom 15. 10. 1996

Anlagen: 1 Kostenrechnung
          1 Zahlkarte
          1 Abdruck dieses Bescheides
Das Landratsamt Bayreuth erläßt folgenden

Bescheid:

1. Der Antrag auf Erteilung einer baurechtlichen Genehmigung wird abgelehnt.[1]
2. Die Antragstellerin hat die Kosten des Verfahrens zu tragen.
3. Für diesen Bescheid wird eine Gebühr von 260,- DM festgesetzt.

Gründe:[2]

I.

Sachdarstellung, soweit für die rechtliche Begründung von Bedeutung.

II.

Darlegung der wesentlichen Gründe des Bescheids, z. B.
1. Das Landratsamt Bayreuth ist zur Entscheidung über den Bauantrag sachlich und örtlich zuständig (Art. 65 BayBO).

Nr. 47

2. Der Antrag auf Erteilung der nach Art. 68 BayBO erforderlichen Baugenehmigung war abzulehnen, weil das Vorhaben den öffentlich-rechtlichen Vorschriften nicht entspricht (Art. 79 Abs. 1 BayBO).
......

III.

Kostenentscheidung; in Bayern Art. 1, 2, 6, 8, 10 BayKG in Verb. mit dem Kostenverzeichnis zum BayKG, z. B.:

Die Kostenentscheidung beruht auf Art. ....

Die Höhe der Gebühr ergibt sich aus Art. ....

Auslagen waren nicht zu erheben.

Rechtsbehelfsbelehrung:[3]

Gegen diesen Bescheid kann innerhalb eines Monats nach seiner Bekanntgabe Widerspruch erhoben werden. Der Widerspruch ist schriftlich oder zur Niederschrift beim Landratsamt Bayreuth in 95448 Bayreuth, Tunnelstr. 2 einzulegen.
Sollte über den Widerspruch ohne zureichenden Grund in angemessener Frist sachlich nicht entschieden werden, so kann Klage beim Bayer. Verwaltungsgericht Bayreuth in 95444 Bayreuth, Friedrichstr. 16, schriftlich oder zur Niederschrift des Urkundsbeamten der Geschäftsstelle dieses Gerichts erhoben werden. Die Klage kann nicht vor Ablauf von drei Monaten seit der Einlegung des Widerspruchs erhoben werden, außer wenn wegen besonderer Umstände des Falles eine kürzere Frist geboten ist.
Die Klage muß den Kläger, den Beklagten (Freistaat Bayern)[4] und den Gegenstand des Klagebegehrens bezeichnen. Sie soll einen bestimmten Antrag enthalten. Die zur Begründung dienenden Tatsachen und Beweismittel sollen angegeben, der angefochtene Bescheid soll in Urschrift oder in Abschrift beigefügt werden. Der Klage und allen Schriftsätzen sollen Abschriften für die übrigen Beteiligten beigefügt werden.

I. A.
Teuer
(Dr. Teuer)
Oberregierungsrat

Nr. 47

Anmerkungen

1. Hält die Behörde den Antrag für zulässig und begründet, so erläßt sie z. B. folgenden Verwaltungsakt:
 „1. Das Bauvorhaben wird unter nachfolgenden Auflagen genehmigt:
 . . .
 . . .“
2. Zur Begründung des Verwaltungsakts s. auch die Bestimmungen der Verwaltungsverfahrensgesetze (in Bayern: Art. 39 BayVwVfG).
3. Zur Rechtsbehelfsbelehrung im einzelnen s. Bekanntmachung des Bayerischen Staatsministeriums des Innern über den Vollzug der Verwaltungsgerichtsordnung, Rechtsbehelfsbelehrungen, vom 10. 3. 1980, abgedr. bei Ziegler-Tremel, Nr. 904.
4. Der Freistaat Bayern ist Beklagter, weil das Landratsamt als Kreisverwaltungsbehörde entschieden hat (Art. 65 Abs. 1 BayBO). Hätte eine kreisfreie Stadt entschieden, so wäre diese Beklagte (vgl. § 78 VwGO).

Nr. 48. Nachträgliche Anordnung der sofortigen Vollziehung

Landratsamt Pfaffenhofen a. d. Ilm	85276 Pfaffenhofen a. d. Ilm,
1/649/BV P 426/97	5. 5. 1997

Gegen Empfangsbestätigung

1. Herrn Rechtsanwalt
Karl Taube
Ingolstädter Str. 41
85276 Pfaffenhofen a. d. Ilm

2. Herrn Rechtsanwalt
Anton Karrer
Münchner Str. 23
85276 Pfaffenhofen a. d. Ilm

Neubau einer Doppelgarage auf dem Grundstück Fl. Nr. 899 Gemarkung Pfaffenhofen a. d. Ilm
Bauherr: Adolf Kapellmeier, Hauserweg 21, 85276 Pfaffenhofen a. d. Ilm
Zum Antrag vom 27. 1. 1997 auf Erteilung einer baurechtlichen Genehmigung

Das Landratsamt Pfaffenhofen a. d. Ilm erläßt folgenden

Bescheid:

Die sofortige Vollziehung der mit Bescheid des Landratsamtes Pfaffenhofen a. d. Ilm vom 2. 9. 1996 erteilten Baugenehmigung zum Neubau einer Doppelgarage auf dem Grundstück Fl. Nr. 899 Gemarkung Pfaffenhofen a. d. Ilm wird angeordnet.[1]

Gründe:
I.
Kurze Sachdarstellung, soweit für die rechtliche Begründung von Bedeutung
II.
Darlegung der wesentlichen Gründe, hier:
1. Sachliche und örtliche Zuständigkeit des Landratsamtes
 (in Bayern: Art. 65, 67 Abs. 1 BayBO)
2. Darlegung der Gründe, weshalb das gegen die Baugenehmigung eingelegte Rechtsmittel keinen Erfolg verspricht.

3. *Begründung der sofortigen Vollziehung (§ 80 Abs. 3 VwGO)*
4. *Evtl. Kostenentscheidung[1]*
5. *Hinweis*:
Gegen diese Anordnung kann beim Bayer. Verwaltungsgericht München, Bayerstraße 30, 80335 München, Antrag auf Wiederherstellung der aufschiebenden Wirkung gestellt werden (§ 80 Abs. 5 VwGO). Der Antrag ist schon vor Erhebung der Anfechtungsklage zulässig. Eine aufschiebende Wirkung tritt damit jedoch nicht ein.

I. A.
Körner
(Körner)
Regierungsrat

Anmerkung

1. Für die Entscheidung über die Anordnung der sofortigen Vollziehung werden in Bayern keine Kosten erhoben (Art. 3 Abs. 1 Nr. 14 BayKG). Andernfalls würde der Bescheid z. B. lauten:
1. .... (s. *Beispiel*)
2. Die Kosten des Verfahrens hat der Antragsteller zu tragen.
3. Für diesen Bescheid wird eine Gebühr von 50,- DM festgesetzt.

Nr. 49

Nr. 49. Bußgeldbescheid[1]

Gemeinde Neustadt am Main
Amt für öffentliche Ordnung
3212.20/97

97845 Neustadt am Main, 6. 6. 1997

Einschreiben

Herrn
Anton Horstmann
Frankenberger Str. 15
97845 Neustadt

| Geburtstag |
| 13. 2.1955 |
| Geburtsort |
| Bad Homburg |

Gesetzlicher Vertreter: –

Verteidiger: Rechtsanwalt Dr. Hans Neuberger, Lohrer Str. 27, 97845 Neustadt

Nebenbeteiligte(r):[2] –

Bußgeldbescheid[3]

Sehr geehrter Herr Horstmann,
Ihnen wird zur Last gelegt, folgende Ordnungswidrigkeit begangen zu haben:
- *Tatort (Ort, Gemeinde, Landkreis), Tatzeit (Tag, Monat, Jahr, Uhrzeit, evtl. Dauer) und Tathergang* –

Die Tat wurde begangen
☐ vorsätzlich
☐ fahrlässig

Verletzte Vorschriften:

Zuständigkeitsvorschrift für die Ahndung:[4]

Beweismittel:

Gemäß §§ ...[5] des Gesetzes über Ordnungswidrigkeiten in Verbindung mit § 464 Abs. 1 und § 465 StPO
1. wird hiermit gegen Sie eine Geldbuße festgesetzt in Höhe von 500,– DM (in Worten: fünfhundert Deutsche Mark),
2. werden folgende Nebenfolgen angeordnet: ...
3. haben Sie die Kosten (Gebühren und Auslagen) des Verfahrens zu tragen. Für diesen Bescheid wird eine Gebühr von 35,– DM festgesetzt. Daneben haben Sie die angefallenen Auslagen zu tragen.

Nr. 49

Zur Beachtung!
Bitte aufgrund dieses Bußgeldbescheids allein noch keine Zahlung leisten! Erst nach Erhalt der Kostenrechnung ist der Gesamtbetrag innerhalb einer Frist von 2 Wochen zur Zahlung fällig.

Der mit gesonderter Kostenrechnung bekanntgegebene Gesamtbetrag ist unter Angabe der Block- und Blattnummer entweder einzuzahlen bei der Stadthauptkasse, Berliner Str. 10, Neustadt oder zu überweisen auf das Konto Nr. 4041 BLZ 50032570 bei der Städtischen Sparkasse Neustadt am Main.

Wenn Sie zahlungsunfähig sind, haben Sie spätestens zwei Wochen nach Rechtskraft dieses Bußgeldbescheides der Behörde, die diesen Bußgeldbescheid erlassen hat, schriftlich oder zur Niederschrift darzulegen, warum Ihnen die fristgerechte Zahlung nach Ihren wirtschaftlichen Verhältnissen nicht zuzumuten ist.

Falls Sie diese Zahlungsfrist nicht einhalten und auch Ihre Zahlungsunfähigkeit nicht rechtzeitig darlegen, kann der fällige Betrag zwangsweise beigetrieben oder Erzwingungshaft bis zur Dauer von sechs Wochen angeordnet werden.

Rechtsbehelfsbelehrung

Der Bußgeldbescheid wird rechtskräftig und vollstreckbar, wenn Sie nicht innerhalb von zwei Wochen nach seiner Zustellung schriftlich oder zur Niederschrift bei der Verwaltungsbehörde, die ihn erlassen hat, Einspruch einlegen (§ 67 OWiG). Die Frist ist nur dann gewahrt, wenn der Einspruch vor Fristablauf bei der Behörde eingeht. Das Amtsgericht entscheidet über den Einspruch aufgrund einer Hauptverhandlung, ohne dabei an die im Bußgeldbescheid festgesetzte Höhe der Geldbuße gebunden zu sein. In diesem Falle kann das Gericht auch eine höhere Geldbuße festsetzen, wenn ihm dies nach dem Ergebnis der Hauptverhandlung angemessen erscheint (§ 71 OWiG, § 411 Abs. 4 StPO).
Das Gericht kann auch ohne Hauptverhandlung durch Beschluß entscheiden, wenn weder Sie noch die Staatsanwaltschaft diesem Verfahren widersprechen; in diesem Fall darf das Gericht von der im Bußgeldbescheid getroffenen Entscheidung nicht zu Ihrem Nachteil abweichen (§ 72 Abs. 2 Satz 1 und Abs. 3 Satz 2 OWiG).

Mit freundlichen Grüßen
I. A.

Helmholtz
(Helmholtz)

Nr. 49

Anmerkungen

1. Dieses Formular wird in Bayern für Bußgeldbescheide – mit Ausnahme des Bereichs des Straßenverkehrsrechts – verwendet (vgl. Bek. des Bayer. Staatsministeriums des Innern vom 22. 3. 1989, AllMBl 1989 S. 407, über den Vollzug des Gesetzes über Ordnungswidrigkeiten).
2. Nebenbeteiligter im Sinn des § 66 Abs. 1 Nr. 1 OWiG ist derjenige, dessen Verfahrensbeteiligung nach § 87 Abs. 1 oder § 88 Abs. 1 OWiG angeordnet worden ist.
3. Der Inhalt des Bußgeldbescheids ergibt sich aus § 66 OWiG.
4. Anzugeben sind die Vorschriften über die sachliche und örtliche Zuständigkeit. Die für die Verfolgung und Ahndung von Ordnungswidrigkeiten sachlich zuständigen Verwaltungsbehörden sind durch Gesetz oder Rechtsverordnung bestimmt (§§ 35, 36 OWiG); in Bayern vgl. insbesondere die VO über Zuständigkeiten im Ordnungswidrigkeitenrecht (ZuVOWiG) vom 16. 12. 1980, BayRS 454–1–I). Die örtliche Zuständigkeit ergibt sich aus § 37 OWiG.
5. In der Regel sind nur die §§ 17, 105, 107 OWiG anzugeben.

Nr. 50

II. Verwaltungsrechtliches Vorverfahren

Nr. 50. Widerspruchsbescheid

Regierung von Oberfranken 95444 Bayreuth, 23. April 1997
224/1 – 5877 BT 13–2

Einschreiben

Herrn Rechtsanwalt
Dr. Max Meier
Fürther Str. 27
95445 Bayreuth

Vollzug der Baugesetze;
Widerspruch von Frau Dr. Waltraut Jackermeier, 95445 Bayreuth, gegen den Bescheid des Landratsamts Bayreuth vom 3. 12. 1996 (Ablehnung der Erteilung einer Baugenehmigung auf dem Grundstück Fl. Nr. 327 der Gemarkung Bayreuth)

Die Regierung von Oberfranken erläßt folgenden

Widerspruchsbescheid:[1]

1. Der Widerspruch wird zurückgewiesen.
2. Die Widerspruchsführerin hat die Kosten des Widerspruchsverfahrens zu tragen.[2]
3. Für diesen Bescheid wird eine Gebühr von 300,– DM und ein Auslagenbetrag von 12,– DM festgesetzt.

Gründe:

I.

Kurze Darstellung des Sachverhalts.

II.

Wesentliche Gründe des Bescheides, vor allem:
1. Sachliche und örtliche Zuständigkeit
2. Zulässigkeit (Ausführungen nur, soweit zweifelhaft)
3. Begründetheit
4. Kostenentscheidung[2].

Nr. 50

Rechtsbehelfsbelehrung[3]

Gegen den Bescheid des Landratsamts Bayreuth vom 3. 12. 1996 kann innerhalb eines Monats nach Zustellung dieses Widerspruchsbescheids Klage bei dem Bayerischen Verwaltungsgericht Bayreuth, 95444 Bayreuth, Friedrichstr. 16, schriftlich oder zur Niederschrift des Urkundsbeamten der Geschäftsstelle dieses Gerichts erhoben werden. Die Klage muß den Kläger, den Beklagten (Freistaat Bayern) und den Gegenstand[4] des Klagebegehrens bezeichnen und soll einen bestimmten Antrag enthalten. Die zur Begründung dienenden Tatsachen und Beweismittel sollen angegeben, der angefochtene Bescheid und dieser Widerspruchsbescheid sollen in Urschrift oder in Abschrift beigefügt werden. Der Klage und allen Schriftsätzen sollen Abschriften für die übrigen Beteiligten beigefügt werden.

I. A.
Rohmer
(Rohmer)
Regierungsdirektor

Anmerkungen

1. Fassung des Tenors, wenn der Widerspruch Erfolg hat:
   I. Auf den Widerspruch vom ... wird der Bescheid des ... vom ... Az. ... aufgehoben.
   II. (Vier Möglichkeiten:
   – neue Sachentscheidung durch die Widerspruchsbehörde
   – Anweisung an die Kreisverwaltungsbehörde, daß sie zu entscheiden habe
   – Anweisung an die Kreisverwaltungsbehörde, daß und wie sie zu entscheiden habe
   – außer der Aufhebung des Erstbescheides ist nichts weiter zu veranlassen).
   III. (Kostenentscheidung, s. Anm. 2).
2. Zur Kostenentscheidung vgl. Art. 1, 80 BayVwVfG bzw. die entsprechenden Verwaltungsverfahrensgesetze des Bundes und der Länder.
3. S. auch Bekanntmachung des Bayerischen Staatsministeriums des Innern über den Vollzug der Verwaltungsgerichtsordnung, Rechtsbehelfsbelehrungen, vom 10. 3. 1980, abgedr. bei Ziegler-Tremel, Nr. 904.
4. Die Anfechtungsklage richtet sich grundsätzlich gegen den Erstbescheid, und zwar in der Gestalt, die er durch den Widerspruchsbescheid gefunden hat.

III. Entscheidungen des Verwaltungsgerichts

a) Einzelne gerichtliche Beschlüsse

Nr. 51. Einstellungsbeschluß des Verwaltungsgerichts

hier: Hauptsacheerledigung

M 3 K 97.242

Bayer. Verwaltungsgericht München

In der Verwaltungsstreitsache

Otto Perchtheim, Orffstr. 17, 83671 Benediktbeuren, – Kläger –
Bevollmächtigte: Rechtsanwälte Dr. Hans Kerl und Hermann Heuer, Münchner Str. 11, 82362 Weilheim,

gegen

die Gemeinde Benediktbeuren, – Beklagte –
vertreten durch den 1. Bürgermeister

wegen

Kanalherstellung

erläßt das Bayer. Verwaltungsgericht München, 3. Kammer, durch Richter am Verwaltungsgericht Franzen[1]

am 12. Juni 1997

ohne mündliche Verhandlung folgenden

Beschluß:

I. Das Verfahren wird eingestellt.
II. Die Beklagte trägt die Kosten des Verfahrens.
III. Der Streitwert wird auf 8000,– DM festgesetzt.

Gründe:

Kurze Darstellung der Gründe des Beschlusses, z. B.
Die Parteien haben mit den am 2. 6. 1997 und 8. 6. 1997 bei Gericht eingegangenen Erklärungen übereinstimmend die Hauptsache für erledigt erklärt. Das Verfahren ist daher in entsprechender Anwendung des § 92 Abs. 2 der Verwaltungsgerichtsordnung – VwGO – einzustellen.

Nr. 51

Kostenentscheidung (§ 161 Abs. 2 VwGO), z. B.
Über die Kosten des Verfahrens ist gemäß § 161 Abs. 2 VwGO nach billigem Ermessen zu entscheiden. Billigem Ermessen entspricht es im vorliegenden Fall, die Kosten ... *(kurze Begründung)*
Streitwertfestsetzung (§ 13 Abs. 1 Satz 2 GKG).

Rechtsmittelbelehrung[2]
Nummern I und II des Beschlusses sind unanfechtbar (§ 158 VwGO).
Gegen die Streitwertfestsetzung (Nummer III des Beschlusses) steht den Beteiligten die Beschwerde an den Bayerischen Verwaltungsgerichtshof zu, wenn der Wert des Beschwerdegegenstandes DM 100.– übersteigt.
Die Beschwerde ist innerhalb von sechs Monaten nach Eingang der letzten Erledigungserklärung beim Bayerischen Verwaltungsgericht München

> Hausanschrift: Bayerstraße 30, 80335 München, oder
> Postanschrift: Postfach 200543, 80005 München

schriftlich oder zur Niederschrift des Urkundsbeamten der Geschäftsstelle einzulegen. Ist der Streitwert später als einen Monat vor Ablauf dieser Frist festgesetzt worden, so kann die Beschwerde noch innerhalb eines Monats nach Bekanntgabe dieses Beschlusses eingelegt werden. Die Frist ist auch gewahrt, wenn die Beschwerde innerhalb der Frist beim Bayerischen Verwaltungsgerichtshof.

> Hausanschrift in München: Ludwigstraße 23, 80539 München, oder
> Postanschrift in München: Postfach 340148, 80098 München,
> Hausanschrift in Ansbach: Montgelasplatz 1, 91522 Ansbach

eingeht.
Der Beschwerdeschrift eines Beteiligten sollen Abschriften für die übrigen Beteiligten beigefügt werden.

Franzen
(Franzen)

Anmerkung

1. Zuständigkeit des Vorsitzenden oder des Berichterstatters gem. §§ 87, 87 a VwGO.
2. Beschwerde gegen Streitwertbeschluß bei Erledigung der Hauptsache.

Nr. 52. Anordnung der aufschiebenden Wirkung durch das Verwaltungsgericht

M 1 E 97. 212

Bayer. Verwaltungsgericht München

In der Verwaltungsstreitsache

Hans Egon Köllner, aufm. Angestellter — Antragsteller —
Agnesstr. 33, 80798 München
Bevollmächtigter: Rechtsanwalt Dr. Hans Sanft, Kaulbachstr. 11, 80539 München

gegen

die Bundesrepublik Deutschland, — Antragsgegnerin —
vertreten durch die Wehrbereichsverwaltung VI, Dachauer Str. 128, 80335 München

wegen

Anfechtung der Einberufung zum Wehrdienst;
hier: Antrag nach § 80 Abs. 5 VwGO

erläßt das Bayer. Verwaltungsgericht München, 1. Kammer, durch Richter am Verwaltungsgericht Pfeil[1]

am 17. Juni 1997

ohne mündliche Verhandlung folgenden

Beschluß:[2]

I. Der Antrag wird abgelehnt.
II. Der Antragsteller hat die Kosten des Verfahrens zu tragen.
III. Der Streitwert wird auf 4000,- DM festgesetzt.

Gründe:[3]

Kurze Darstellung des Sachverhalts und der tragenden Gründe des Beschlusses, z. B.
Der Antrag ist zulässig.
Der Widerspruch gegen den Bescheid über die Einberufung zum Wehrdienst hat gemäß § 33 Abs. 5 Satz 2 WPflG, § 80 Abs. 2 Nr. 3 VwGO keine aufschiebende Wirkung. Um diese herbeizuführen, bedarf es der Anordnung des Gerichts nach § 35 Abs. 1 Satz 2 WPflG, § 80 Abs. 5 Satz 1 VwGO. Der Antrag auf Herstellung der aufschiebenden Wirkung

Nr. 52

ist auch nach der Entscheidung über den Widerspruch und vor Erhebung der Anfechtungsklage bei laufender Klagefrist zulässig (§ 80 Abs. 5 Satz 2 VwGO).
Der Antrag hat sachlich jedoch keinen Erfolg ...
Folgt Rechtsgrundlage der Kostenentscheidung (§ 154 Abs. 1 VwGO), und der Streitwertfestsetzung (§§ 13, 20 Abs. 3 GKG).
Gegen diesen Beschluß ist keine Beschwerde gegeben (§ 34 Satz 1 WPflG).[4]

Pfeil
(Pfeil)

Anmerkungen

1. Übertragung auf Einzelrichter unter den Voraussetzungen des § 6 VwGO.
2. Anderes Beispiel:
   I. Die aufschiebende Wirkung der Klage des Antragstellers vom 27. 3. 1997 gegen den Bescheid des Landratsamts München vom 2. 1. 1997 Az. 50/7-4.08–03 – in der Fassung des Widerspruchsbescheides der Regierung von Oberbayern vom 10. 3. 1997 wird gegen eine Sicherheitsleistung in Höhe von 3000,– DM angeordnet.
   II. Der Antragsgegner hat die Kosten des Verfahrens zu tragen.
   III. Der Streitwert wird auf 4000,– DM festgesetzt.
3. Zur Begründungspflicht bei Beschlüssen vgl. § 122 Abs. 2 VwGO.
4. Soweit Rechtsmittel nicht durch besondere gesetzliche Bestimmungen ausgeschlossen sind, steht den Beteiligten gegen Beschlüsse des Verwaltungsgerichts über einstweilige Anordnungen (§ 123 VwGO) die Beschwerde nur zu, wenn sie vom Oberverwaltungsgericht in entsprechender Anwendung des § 124 Abs. 2 VwGO zugelassen worden ist (§ 146 Abs. 4 VwGO). Im Anschluß an die Gründe folgt in diesen Fällen:

Rechtsmittelbelehrung:

Gegen Ziffer I und II dieses Beschlusses steht den Beteiligten die Beschwerde zu, wenn sie von dem Bayerischen Verwaltungsgerichtshof zugelassen wird. Die Zulassung der Beschwerde ist innerhalb von zwei Wochen nach Zustellung des Beschlusses beim Bayerischen Verwaltungsgericht München,

Hausanschrift: Bayerstraße 30, 80335 München, oder
Postanschrift: Postfach 200543, 80005 München

schriftlich oder zur Niederschrift des Urkundsbeamten der Geschäftsstelle zu beantragen.
Der Antrag muß den angefochtenen Beschluß bezeichnen. In dem Antrag sind die Gründe, aus denen die Beschwerde zuzulassen ist, darzulegen. Die Beschwerde ist nur zuzulassen, wenn
1. ernstliche Zweifel an der Richtigkeit des Beschlusses bestehen,
2. die Rechtssache besondere tatsächliche oder rechtliche Schwierigkeiten aufweist,
3. die Rechtssache grundsätzliche Bedeutung hat,
4. der Beschluß von einer Entscheidung des Bayerischen Verwaltungsgerichtshofs, des Bundesverwaltungsgerichts, des gemeinsamen Senats der obersten Gerichtshöfe des Bundes oder des Bundesverfassungsgerichts abweicht und auf dieser Abweichung beruht oder

Nr. 52

5. wenn ein der Beurteilung des Beschwerdegerichts unterliegender Verfahrensmangel geltend gemacht wird und vorliegt, auf dem die Entscheidung beruhen kann.

Für den Antrag auf Zulassung der Beschwerde und im Beschwerdeverfahren muß sich jeder Beteiligte, soweit er einen Antrag stellt, durch einen Rechtsanwalt oder Rechtslehrer an einer deutschen Hochschule als Bevollmächtigten vertreten lassen. Juristische Personen des öffentlichen Rechts und Behörden können sich auch durch Beamte oder Angestellte mit Befähigung zum Richteramt sowie Diplom-Juristen im höheren Dienst vertreten lassen. In Angelegenheiten der Kriegsopferfürsorge und des Schwerbehindertenrechts sowie der damit in Zusammenhang stehenden Angelegenheiten des Sozialhilferechts sind vor dem Bayerischen Verwaltungsgerichtshof als Prozeßbevollmächtigte auch Mitglieder und Angestellte von Vereinigungen der Kriegsopfer und Behinderten zugelassen, sofern sie kraft Satzung oder Vollmacht zur Prozeßvertretung befugt sind. In Abgabenangelegenheiten sind vor dem Bayerischen Verwaltungsgerichtshof als Prozeßbevollmächtigte auch Steuerberater und Wirtschaftsprüfer zugelassen. In Angelegenheiten der Beamten und der damit in Zusammenhang stehenden Sozialangelegenheiten sowie in Personalvertretungsangelegenheiten sind vor dem Bayerischen Verwaltungsgerichtshof als Prozeßbevollmächtigte auch Mitglieder und Angestellte von Gewerkschaften zugelassen, sofern sie kraft Satzung oder Vollmacht zur Vertretung befugt sind.

Die Beschwerde ist nicht gegeben in Streitigkeiten über Kosten, Gebühren und Auslagen, wenn der Wert des Beschwerdegegenstandes DM 400,- nicht übersteigt.

Gegen Ziffer III dieses Beschlusses steht den Beteiligten die Beschwerde an den Bayer. Verwaltungsgerichtshof zu, wenn der Wert des Beschwerdegegenstandes 100,- DM übersteigt. Die Beschwerde ist innerhalb von sechs Monaten, nachdem die Entscheidung in der Hauptsache Rechtskraft erlangt oder das Verfahren sich anderweitig erledigt hat, beim Bayer. Verwaltungsgericht München,

Hausanschrift: Bayerstr. 30, 80335 München, oder
Postanschrift: Postfach 200543, 80003 München

schriftlich oder zur Niederschrift des Urkundsbeamten der Geschäftsstelle einzulegen. Ist der Streitwert später als einen Monat vor Ablauf dieser Frist festgesetzt worden, kann die Beschwerde auch noch innerhalb eines Monats nach Zustellung oder formloser Mitteilung des Festsetzungsbeschlusses eingelegt werden. Der Antragsschrift eines Beteiligten sollen Abschriften für die übrigen Beteiligten beigefügt werden.

Nr. 53

Nr. 53. Einstweilige Anordnung des Verwaltungsgerichts

M 4 E 97.15

Bayer. Verwaltungsgericht München

In der Verwaltungsstreitsache

Karl Schorn, Rentner, Schloßstr. 4, 85737 Ismaning – Antragsteller –
Bevollmächtigter: Rechtsanwalt Hennig Nörr, Luisenstr. 25, 80333 München

gegen

den Landkreis München, – Antragsgegner –
vertreten durch den Landrat
beigeladen: Allgemeine Ortskrankenkasse Bayern,
Körperschaft des öffentlichen Rechts

wegen

Sozialhilfe; hier: Antrag nach § 123 VwGO

erläßt das Bayer. Verwaltungsgericht München, 4. Kammer[1], unter Mitwirkung des Vorsitzenden Richters am Verwaltungsgericht Warnig sowie der Richterin am Verwaltungsgericht Reichel und des Richters Freund

am 16. Januar 1997

ohne mündliche Verhandlung folgenden

Beschluß:

I. Der Antragsgegner wird verpflichtet, als Bedarf des Antragstellers und seiner Ehefrau für Unterkunft und Heizung vorerst weitere 235,– DM im Monat zu berücksichtigen.
II. Die Kosten des Verfahrens werden gegeneinander aufgehoben. Gerichtskosten werden nicht erhoben.

Gründe:

Kurze Darstellung des Sachverhalts,
tragende Gründe des Beschlusses nach § 123 VwGO,
Kostenentscheidung, §§ 154 ff. VwGO (Nichterhebung von Gerichtskosten gem. § 188 Satz 2 VwGO).[2]

Nr. 53

Rechtsmittelbelehrung

Gegen diesen Beschluß steht den Beteiligten die Beschwerde zu, wenn sie von dem Bayerischen Verwaltungsgerichtshof zugelassen wird. Die Zulassung der Beschwerde ist innerhalb von zwei Wochen nach Zustellung des Beschlusses beim Bayerischen Verwaltungsgericht München,

Hausanschrift: Bayerstraße 30, 80335 München, oder
Postanschrift: Postfach 200543, 80005 München

schriftlich oder zur Niederschrift des Urkundsbeamten der Geschäftsstelle zu beantragen.
Der Antrag muß den angefochtenen Beschluß bezeichnen. In dem Antrag sind die Gründe, aus denen die Beschwerde zuzulassen ist, darzulegen. Die Beschwerde ist nur zuzulassen, wenn
1. ernstliche Zweifel an der Richtigkeit des Beschlusses bestehen,
2. die Rechtssache besondere tatsächliche oder rechtliche Schwierigkeiten aufweist,
3. die Rechtssache grundsätzliche Bedeutung hat,
4. der Beschluß von einer Entscheidung des Bayerischen Verwaltungsgerichtshofs, des Bundesverwaltungsgerichts, des gemeinsamen Senats der obersten Gerichtshöfe des Bundes oder des Bundesverfassungsgerichts abweicht und auf dieser Abweichung beruht oder
5. wenn ein der Beurteilung des Beschwerdegerichts unterliegender Verfahrensmangel geltend gemacht wird und vorliegt, auf dem die Entscheidung beruhen kann.
Für den Antrag auf Zulassung der Beschwerde und im Beschwerdeverfahren muß sich jeder Beteiligte, soweit er einen Antrag stellt, durch einen Rechtsanwalt oder Rechtslehrer an einer deutschen Hochschule als Bevollmächtigten vertreten lassen. Juristische Personen des öffentlichen Rechts und Behörden können sich auch durch Beamte oder Angestellte mit Befähigung zum Richteramt sowie Diplom-Juristen im höheren Dienst vertreten lassen. In Angelegenheiten der Kriegsopferfürsorge und des Schwerbehindertenrechts sowie der damit in Zusammenhang stehenden Angelegenheiten des Sozialhilferechts sind vor dem Bayerischen Verwaltungsgerichtshof als Prozeßbevollmächtigte auch Mitglieder und Angestellte von Vereinigungen der Kriegsopfer und Behinderten zugelassen, sofern sie kraft Satzung oder Vollmacht zur Prozeßvertretung befugt sind. In Abgabenangelegenheiten sind vor dem Bayerischen Verwaltungsgerichtshof als Prozeßbevollmächtigte auch Steuerberater und Wirtschaftsprüfer zugelassen. In Angelegenheiten der Beamten und der damit in Zusammenhang stehenden Sozialangelegenheiten sowie in Personalvertretungsangelegenheiten sind vor dem Bayerischen Verwaltungsgerichtshof als Prozeßbevollmächtigte auch Mitglieder und Ange-

Nr. 53

stellte von Gewerkschaften zugelassen, sofern sie kraft Satzung oder Vollmacht zur Vertretung befugt sind.
Die Beschwerde ist nicht gegeben in Streitigkeiten über Kosten, Gebühren und Auslagen, wenn der Wert des Beschwerdegegenstandes DM 400,– nicht übersteigt.
Der Antragsschrift eines Beteiligten sollen Abschriften für die übrigen Beteiligten beigefügt werden.

Warnig   *Reichel*   *Freund*
(Warnig)   (Reichel)   (Freund)

Anmerkungen

1. Vgl. Anmerkung 1 zu Nr. 52.
2. Die Streitwertfestsetzung ist hier nicht notwendig, da in Sozialhilfeangelegenheiten Gerichtskosten nicht erhoben werden (§ 188 Satz 2 VwGO). Auf Antrag wird aber der Wert des Gegenstands der anwaltlichen Tätigkeit durch Beschluß festgesetzt (§ 10 BRAGO).

Nr. 54

Nr. 54. Beschluß über Prozeßkostenhilfe im verwaltungsgerichtlichen Verfahren

M 3 S 97.121

Bayer. Verwaltungsgericht München

In der Verwaltungsstreitsache

Ruth und Karl Sporer, Bachstr. 5, 83278 Traunstein, – Antragsteller –

gegen

den Freistaat Bayern, – Antragsgegner –
vertreten durch das Landratsamt Traunstein

wegen

Verlängerung der Geltungsdauer der Reisegewerbekarte und Erneuerung der Begleiterlaubnis für Karl Sporer

erläßt das Bayer. Verwaltungsgericht München, 3. Kammer,[1] unter Mitwirkung des Vorsitzenden Richters am Verwaltungsgericht Strobel sowie der Richter am Verwaltungsgericht Kramer und Neuling,
auf Grund der mündlichen Verhandlung vom 3. Juli 1997 folgenden

Beschluß:

I. Der Antragstellerin Frau Ruth Sporer wird Prozeßkostenhilfe bewilligt.
II. Der Antrag auf Bewilligung von Prozeßkostenhilfe für den Antragsteller Karl Sporer wird abgelehnt.

Gründe:[2]

*Kurze Darstellung des Sachverhalts und
tragende Gründe des Beschlusses, § 166 VwGO i. V. m. §§ 114 ff. ZPO.*

Rechtsmittelbelehrung

Nr. I dieses Beschlusses ist unanfechtbar.
Gegen Nr. II dieses Beschlusses steht den Beteiligten die Beschwerde zu, wenn sie von dem Bayerischen Verwaltungsgerichtshof zugelassen wird. Die Zulassung der Beschwerde ist innerhalb von zwei Wochen nach Zustellung des Beschlusses beim Bayerischen Verwaltungsgericht München,

Hausanschrift: Bayerstraße 30, 80335 München, oder
Postanschrift: Postfach 200543, 80005 München

Nr. 54

schriftlich oder zur Niederschrift des Urkundsbeamten der Geschäftsstelle zu beantragen.
Der Antrag muß den angefochtenen Beschluß bezeichnen. In dem Antrag sind die Gründe, aus denen die Beschwerde zuzulassen ist, darzulegen. Die Beschwerde ist nur zuzulassen, wenn
1. ernstliche Zweifel an der Richtigkeit des Beschlusses bestehen,
2. die Rechtssache besondere tatsächliche oder rechtliche Schwierigkeiten aufweist,
3. die Rechtssache grundsätzliche Bedeutung hat,
4. der Beschluß von einer Entscheidung des Bayerischen Verwaltungsgerichtshofs, des Bundesverwaltungsgerichts, des gemeinsamen Senats der obersten Gerichtshöfe des Bundes oder des Bundesverfassungsgerichts abweicht und auf dieser Abweichung beruht oder
5. wenn ein der Beurteilung des Beschwerdegerichts unterliegender Verfahrensmangel geltend gemacht wird und vorliegt, auf dem die Entscheidung beruhen kann.

Für den Antrag auf Zulassung der Beschwerde und im Beschwerdeverfahren muß sich jeder Beteiligte, soweit er einen Antrag stellt, durch einen Rechtsanwalt oder Rechtslehrer an einer deutschen Hochschule als Bevollmächtigten vertreten lassen. Juristische Personen des öffentlichen Rechts und Behörden können sich auch durch Beamte oder Angestellte mit Befähigung zum Richteramt sowie Diplom-Juristen im höheren Dienst vertreten lassen. In Angelegenheiten der Kriegsopferfürsorge und des Schwerbehindertenrechts sowie der damit in Zusammenhang stehenden Angelegenheiten des Sozialhilferechts sind vor dem Bayerischen Verwaltungsgerichtshof als Prozeßbevollmächtigte auch Mitglieder und Angestellte von Vereinigungen der Kriegsopfer und Behinderten zugelassen, sofern sie kraft Satzung oder Vollmacht zur Prozeßvertretung befugt sind. In Abgabenangelegenheiten sind vor dem Bayerischen Verwaltungsgerichtshof als Prozeßbevollmächtigte auch Steuerberater und Wirtschaftsprüfer zugelassen. In Angelegenheiten der Beamten und der damit in Zusammenhang stehenden Sozialangelegenheiten sowie in Personalvertretungsangelegenheiten sind vor dem Bayerischen Verwaltungsgerichtshof als Prozeßbevollmächtigte auch Mitglieder und Angestellte von Gewerkschaften zugelassen, sofern sie kraft Satzung oder Vollmacht zur Vertretung befugt sind.
Die Beschwerde ist nicht gegeben in Streitigkeiten über Kosten, Gebühren und Auslagen, wenn der Wert des Beschwerdegegenstandes DM 400,– nicht übersteigt.
Der Antragsschrift eines Beteiligten sollen Abschriften für die übrigen Beteiligten beigefügt werden.

Strobel   *Kramer*   *Neuling*
(Strobel)   (Kramer)   (Neuling)

Anmerkungen

1. Vgl. Anmerkung 1 zu Nr. 52.
2. Beschlüsse über Verweigerung der Prozeßkostenhilfe sind grundsätzlich zu begründen (§§ 166, 122 Abs. 2 VwGO), es sei denn, daß das Berufungsgericht die Entscheidung getroffen hat (§ 127 Abs. 2 Satz 2 ZPO).

Nr. 55

b) Vereinfachte Entscheidung

Nr. 55. Gerichtsbescheid[1]

5 K 2284.96

Bayer. Verwaltungsgericht München

In der Verwaltungsstreitsache

Detlev Kühnast, Beamter, Amalienstr. 10, 80253 München, – Kläger –
Bevollmächtigter: Rechtsanwalt Dr. Hans Rademacher, Luxemburger Str. 12, 81266 Gräfelfing,

gegen

den Freistaat Bayern, – Beklagte –
vertreten durch das Landratsamt München,
wegen Erstattung von Reisekosten
erläßt das Bayer. Verwaltungsgericht München, 5. Kammer, durch Richter am Verwaltungsgericht Hallerbach[2]

am 10. Juli 1997

folgenden

Gerichtsbescheid:

I. Die Klage wird abgewiesen.
II. Der Kläger hat die Kosten des Verfahrens zu tragen.
III. Der Bescheid ist hinsichtlich der Kosten vorläufig vollstreckbar. Der Kläger kann die Vollstreckung durch Sicherheitsleistung von 850,– DM abwenden, wenn nicht der Beklagte vor der Vollstreckung Sicherheit in gleicher Höhe leistet.[3]

Tatbestand:

Wesentlicher Inhalt der Akten mit Anträgen

Entscheidungsgründe:

Gegenstand der Klage
Zulässigkeit des Gerichtsbescheids, § 84 VwGO
Unzulässigkeit/offensichtliche Unbegründetheit bzw. Begründetheit der Klage
Kosten, § 154 Abs. 1 VwGO
Vorläufige Vollstreckbarkeit, § 167 VwGO i. V. mit §§ 708 ff. ZPO

Nr. 55

Rechtsmittelbelehrung

Gegen diesen Gerichtsbescheid steht den Beteiligten die Berufung zu, wenn sie von dem Bayerischen Verwaltungsgerichtshof zugelassen wird. Die Zulassung der Berufung ist innerhalb eines Monats nach Zustellung des Gerichtsbescheids beim Bayerischen Verwaltungsgericht München,

Hausanschrift: Bayerstraße 30, 80335 München, oder
Postanschrift: Postfach 200543, 80005 München

schriftlich oder zur Niederschrift des Urkundsbeamten der Geschäftsstelle zu beantragen.
Der Antrag muß den angefochtenen Gerichtsbescheid bezeichnen.
In dem Antrag sind die Gründe, aus denen die Berufung zuzulassen ist, darzulegen. Die Berufung ist nur zuzulassen, wenn
1. ernstliche Zweifel an der Richtigkeit des Gerichtsbescheids bestehen,
2. die Rechtssache besondere tatsächliche oder rechtliche Schwierigkeiten aufweist,
3. die Rechtssache grundsätzliche Bedeutung hat,
4. der Gerichtsbescheid von einer Entscheidung des Bayerischen Verwaltungsgerichtshofs, des Bundesverwaltungsgerichts, des gemeinsamen Senats der obersten Gerichtshöfe des Bundes oder des Bundesverfassungsgerichts abweicht und auf dieser Abweichung beruht oder
5. wenn ein der Beurteilung des Berufungsgerichts unterliegender Verfahrensmangel geltend gemacht wird und vorliegt, auf dem die Entscheidung beruhen kann.

Für den Antrag auf Zulassung der Berufung und im Berufungsverfahren muß sich jeder Beteiligte, soweit er einen Antrag stellt, durch einen Rechtsanwalt oder Rechtslehrer an einer deutschen Hochschule als Bevollmächtigten vertreten lassen. Juristische Personen des öffentlichen Rechts und Behörden können sich auch durch Beamte oder Angestellte mit Befähigung zum Richteramt sowie Diplom-Juristen im höheren Dienst vertreten lassen. In Angelegenheiten der Kriegsopferfürsorge und des Schwerbehindertenrechts sowie der damit in Zusammenhang stehenden Angelegenheiten des Sozialhilferechts sind vor dem Bayerischen Verwaltungsgerichtshof als Prozeßbevollmächtigte auch Mitglieder und Angestellte von Vereinigungen der Kriegsopfer und Behinderten zugelassen, sofern sie kraft Satzung oder Vollmacht zur Prozeßvertretung befugt sind. In Abgabenangelegenheiten sind vor dem Bayerischen Verwaltungsgerichtshof als Prozeßbevollmächtigte auch Steuerberater und Wirtschaftsprüfer zugelassen. In Angelegenheiten der Beamten und der damit in Zusammenhang stehenden Sozialangelegenheiten sowie in Personalvertretungsangelegenheiten sind vor dem Bayerischen Verwaltungsgerichtshof als Prozeßbevollmächtigte auch Mitglieder und Ange-

Nr. 55

stellte von Gewerkschaften zugelassen, sofern sie kraft Satzung oder Vollmacht zur Vertretung befugt sind.
Anstelle der Zulassung der Berufung können die Beteiligten innerhalb eines Monats nach Zustellung des Gerichtsbescheids beim Bayerischen Verwaltungsgericht München

    Hausanschrift: Bayerstraße 30, 80335 München, oder
    Postanschrift: Postfach 200543, 80005 München

schriftlich oder zur Niederschrift des Urkundsbeamten mündliche Verhandlung beantragen.
Wird von beiden Rechtsbehelfen Gebrauch gemacht, findet mündliche Verhandlung statt.
Dem Antrag eines Beteiligten sollen Abschriften für die übrigen Beteiligten beigefügt werden.

Hallerbach
(Hallerbach)

    Beschluß:

Der Streitwert wird auf DM 600,- festgesetzt (§ 13 Abs. 2 Gerichtskostengesetz – GKG –).

    Rechtsmittelbelehrung:

Gegen diesen Beschluß steht den Beteiligten die Beschwerde an den Bayerischen Verwaltungsgerichtshof zu, wenn der Wert des Beschwerdegegenstandes DM 100,- übersteigt.
Die Beschwerde ist innerhalb von sechs Monaten, nachdem die Entscheidung in der Hauptsache Rechtskraft erlangt oder das Verfahren sich anderweitig erledigt hat, beim Bayerischen Verwaltungsgericht München,

    Hausanschrift: Bayerstraße 30, 80335 München, oder
    Postanschrift: Postfach 200543, 80005 München

schriftlich oder zur Niederschrift des Urkundsbeamten der Geschäftsstelle einzulegen. Die Frist ist auch gewahrt, wenn die Beschwerde innerhalb der Frist beim Bayerischen Verwaltungsgerichtshof

    Hausanschrift in München: Ludwigstraße 23, 80539 München, oder
    Postanschrift in München: Postfach 340148, 80098 München,
    Hausanschrift in Ansbach: Montgelasplatz 1, 91522 Ansbach

eingeht.
Der Beschwerdeschrift sollen Abschriften für die übrigen Beteiligten beigefügt werden.

Anmerkungen

1. Gerichtsbescheide können gem. § 84 VwGO in erstinstanzlichen Verwaltungsstreitsachen erlassen werden, wenn folgende Voraussetzungen vorliegen:
   - Das Gericht muß der Auffassung sein, daß die Sache keine besonderen Schwierigkeiten tatsächlicher oder rechtlicher Art aufweist und der Sachverhalt geklärt ist.
   - Die Beteiligten müssen vorher gehört worden sein (schriftlicher Hinweis mit Fristsetzung genügt).
2. Vgl. Anmerkung 1 zu Nr. 52.
3. Vgl. § 711 ZPO i V. mit § 167 VwGO.

Nr. 56

c) Urteil

Nr. 56. Verwaltungsgerichtsurteil

A 2 K 96. 178

Bayer. Verwaltungsgericht Augsburg
Im Namen des Volkes

In der Verwaltungsstreitsache

Herbert Metzler, Kraftfahrer, Unertlstr. 76, 89340 Leipheim

– Kläger[1] –

Bevollmächtigter: Rechtsanwalt Otto Kurz, Donaustr. 11,
89312 Günzburg,

gegen

den Freistaat Bayern, – Beklagter[2] –
vertreten durch die Landesanwaltschaft Augsburg,[3]
beigeladen: Josefa und Georg Strobel, Landwirtseheleute,
Unertlstr. 79, 89340 Leipheim,

wegen

Baugenehmigung

erläßt das Bayerische Verwaltungsgericht Augsburg, 2. Kammer, unter Mitwirkung des Vorsitzenden Richters am Verwaltungsgericht Dr. Streng, der Richter am Verwaltungsgericht Pfeil und Maiwald[3] sowie der ehrenamtlichen Richter Adler und Maier,
auf Grund der mündlichen Verhandlung[4] vom 5. Juni 1997

am 11. Juni 1997

folgendes

Urteil:[5]

I. Die Klage wird abgewiesen.
II. Die Kosten des Verfahrens einschließlich der außergerichtlichen Kosten der Beigeladenen hat der Kläger zu tragen.
III. Das Urteil ist hinsichtlich der Kosten vorläufig vollstreckbar. Der Kläger kann die Vollstreckung durch Sicherheitsleistung in Höhe von 560,- DM abwenden, wenn nicht der jeweilige Vollstrek-

kungsgläubiger vor der Vollstreckung Sicherheit in gleicher Höhe leistet.⁶

Tatbestand:⁷

Gedrängte Darstellung des wesentlichen, entscheidungserheblichen Sachverhalts (einschließlich des vorangegangenen Verwaltungsverfahrens) auf der Grundlage des Akteninhalts (soweit Gegenstand der mündlichen Verhandlung) und des Vorbringens in der mündlichen Verhandlung sowie der dem Urteil vorausgehenden Entscheidungen des Gerichts (z. B. Beweisbeschlüsse). Auf Schriftsätze, Protokolle und andere Unterlagen soll verwiesen werden, soweit sich aus ihnen der Sach- und Streitstand ergibt. Die gestellten Anträge sind hervorzuheben.

Entscheidungsgründe:⁸

Gegenstand der Klage
Zulässigkeit
Begründetheit (ggf. Feststellungen zum Sachverhalt, insbes. Beweiswürdigung; rechtliche Ausführungen).
Kosten, §§ 154, 162 Abs. 3 VwGO
Vorläufige Vollstreckbarkeit, § 167 VwGO i. V. mit §§ 708 ff. ZPO.

Rechtsmittelbelehrung⁹

Gegen dieses Urteil steht den Beteiligten die Berufung zu, wenn sie von dem Bayerischen Verwaltungsgerichtshof zugelassen wird. Die Zulassung der Berufung ist innerhalb eines Monats nach Zustellung des Urteils beim Bayerischen Verwaltungsgericht Augsburg,

> Hausanschrift: Kornhausgasse 4, 86152 Augsburg, oder
> Postanschrift: Postfach 112343, 86048 Augsburg

schriftlich oder zur Niederschrift des Urkundsbeamten der Geschäftsstelle zu beantragen.
In dem Antrag muß das angefochtene Urteil bezeichnen. In dem Antrag sind die Gründe, aus denen die Berufung zuzulassen ist, darzulegen. Die Berufung ist nur zuzulassen, wenn
1. ernstliche Zweifel an der Richtigkeit des Urteils bestehen,
2. die Rechtssache besondere tatsächliche oder rechtliche Schwierigkeiten aufweist,
3. die Rechtssache grundsätzliche Bedeutung hat,
4. das Urteil von einer Entscheidung des Bayerischen Verwaltungsgerichtshofs, des Bundesverwaltungsgerichts, des gemeinsamen Senats der obersten Gerichtshöfe des Bundes oder des Bundesverfassungsgerichts abweicht und auf dieser Abweichung beruht oder

Nr. 56

5. wenn ein der Beurteilung des Berufungsgerichts unterliegender Verfahrensmangel geltend gemacht wird und vorliegt, auf dem die Entscheidung beruhen kann.

Für den Antrag auf Zulassung der Berufung und im Berufungsverfahren muß sich jeder Beteiligte, soweit er einen Antrag stellt, durch einen Rechtsanwalt oder Rechtslehrer an einer deutschen Hochschule als Bevollmächtigten vertreten lassen. Juristische Personen des öffentlichen Rechts und Behörden können sich auch durch Beamte oder Angestellte mit Befähigung zum Richteramt sowie Diplom-Juristen im höheren Dienst vertreten lassen. In Angelegenheiten der Kriegsopferfürsorge und des Schwerbehindertenrechts sowie der damit in Zusammenhang stehenden Angelegenheiten des Sozialhilferechts sind vor dem Bayerischen Verwaltungsgerichtshof als Prozeßbevollmächtigte auch Mitglieder und Angestellte von Vereinigungen der Kriegsopfer und Behinderten zugelassen, sofern sie kraft Satzung oder Vollmacht zur Prozeßvertretung befugt sind. In Abgabenangelegenheiten sind vor dem Bayerischen Verwaltungsgerichtshof als Prozeßbevollmächtigte auch Steuerberater und Wirtschaftsprüfer zugelassen. In Angelegenheiten der Beamten und der damit in Zusammenhang stehenden Sozialangelegenheiten sowie in Personalvertretungsangelegenheiten sind vor dem Bayerischen Verwaltungsgerichtshof als Prozeßbevollmächtigte auch Mitglieder und Angestellte von Gewerkschaften zugelassen, sofern sie kraft Satzung oder Vollmacht zur Vertretung befugt sind.
Der Antragsschrift sollen 4 Abschriften für die übrigen Beteiligten beigefügt werden.

Streng   *Pfeil*   *Maiwald*
(Streng)   (Pfeil)   (Maiwald)

Beschluß[10]

Der Streitwert wird auf 8.000,– DM festgesetzt (§§ 13, ... Gerichtskostengesetz – GKG –).
Folgen ggf. kurze Gründe, wenn die Höhe des Streitwerts nicht ohne weiteres aus den angegebenen Gesetzesbestimmungen hervorgeht.

Rechtsmittelbelehrung

Gegen diesen Beschluß steht den Beteiligten die Beschwerde an den Bayerischen Verwaltungsgerichtshof zu, wenn der Wert des Beschwerdegegenstandes DM 100,– übersteigt.
Die Beschwerde ist innerhalb von sechs Monaten, nachdem die Entscheidung in der Hauptsache Rechtskraft erlangt oder das Verfahren sich anderweitig erledigt hat, beim Bayerischen Verwaltungsgericht Augsburg,

Hausanschrift: Kornhausgasse 4, 86152 Augsburg
Postanschrift: Postfach 112343, 86048 Augsburg

schriftlich oder zur Niederschrift des Urkundsbeamten der Geschäftsstelle einzulegen. Die Frist ist auch gewahrt, wenn die Beschwerde innerhalb der Frist beim Bayerischen Verwaltungsgerichtshof

Hausanschrift in München: Ludwigstraße 23, 80539 München, oder
Postanschrift in München: Postfach 340148, 80098 München,
Hausanschrift in Ansbach: Montgelasplatz 1, 91522 Ansbach

eingeht. Ist der Streitwert später als einen Monat vor Ablauf dieser Frist festgesetzt worden, kann die Beschwerde auch noch innerhalb eines Monats nach Zustellung oder formloser Mitteilung des Festsetzungsbeschlusses eingeklagt werden.
Der Beschwerdeschrift sollen 4 Abschriften für die übrigen Beteiligten beigefügt werden.

Streng   *Pfeil*   *Maiwald*
(Streng)   (Pfeil)   (Maiwald)

Anmerkungen

1. Ist das Land Kläger, so beachte die einschlägigen Vertretungsverordnungen (in Bayern: § 1 Abs. 1 Nr. 3 a, §§ 2 ff VertrV).
2. a) Ist das Land Beklagter, so ist die Ausgangsbehörde Prozeßbehörde und Zustellungsempfänger, solange die Vertretung nicht auf die Widerspruchsbehörde oder die Landesanwaltschaft übertragen wurde (§ 5 Abs. 2 der VO über den Vertreter des öffentlichen Interesses vor den Gerichten der Verwaltungsgerichtsbarkeit i. d. F. der VO vom 20. 12. 1996, GVBl. S. 552. S. auch VollzBek. vom 24. 1. 1997, AllMBL S. 131).
   b) Ist eine Gemeinde Beklagte, so wird sie durch den 1. Bürgermeister vertreten (in Bayern: Art. 38 Abs. 1 BayGO).
3. Vgl. Anmerkung 1 zu Nr. 52.
4. Entscheidung ohne mündliche Verhandlung ist nur möglich, wenn die Beteiligten damit einverstanden sind (§ 101 Abs. 2 VwGO).
   Das Rubrum lautet dann: „... erläßt das Bayer. Verwaltungsgericht Augsburg ohne mündliche Verhandlung am 12. Juni 1997 ..."
5. Beispiele für die Fassung des Tenors:
   I. Der Bescheid des Landratsamts München vom 11. 2. 1996 – Az. BA 36/7210/95 – und der Widerspruchsbescheid der Regierung von Oberbayern vom 12. 4. 1996 – Az. XXa 5942/96 – werden aufgehoben.
   II. ...
   III. ...
   oder
   I. Der Bescheid des Landratsamts München vom 11. 2. 1996 – Az. BA 36/7210/95 – und der Widerspruchsbescheid der Regierung von Oberbayern vom 12. 4. 1996 – Az. XXa 5942/96 – werden insoweit aufgehoben, als ...
   Im übrigen wird die Klage abgewiesen.
   II. ...
   III. ...

Nr. 56

oder (vgl. § 113 Abs. 2 VwGO)
I. Der Bescheid des Landratsamts München vom 11. 2. 1996 – Az. BA 36/7210/95 – und der Widerspruchsbescheid der Regierung von Oberbayern vom 12. 4. 1996 – Az. XXa 5942/96 – werden dahin abgeändert, daß...
II. ...
III. ...
oder (vgl. § 113 Abs. 5 VwGO)
I. Der Bescheid des Landratsamts München vom 11. 2. 1996 – Az. BA 36/7210/95 – und der Widerspruchsbescheid der Regierung von Oberbayern vom 12. 4. 1996 – Az. XXa 5942/96 – werden aufgehoben.
II. Das Landratsamt München ist verpflichtet, dem Kläger die Erlaubnis zu erteilen.
bzw.:
Das Landratsamt München ist verpflichtet, dem Kläger einen Bescheid zu erteilen.
III. ...
IV. ...
oder (vgl. § 113 Abs. 1 Satz 4 VwGO)
I. Der Bescheid des Landratsamts München vom 11. 2. 1996 – Az. BA 36/7210/95 – war rechtswidrig.
II. ...
III. ...
6. Zur Frage des Vollstreckungsschutzes vgl.: § 167 VwGO i. V. mit §§ 708 Nr. 11, ZPO
7. Für den Tatbestand im Verwaltungs- und Finanzgerichtsurteil gelten besondere Bestimmungen (§ 117 Abs. 3 VwGO, § 105 Abs. 3 FGO). Der kurze Tatbestand des § 313 Abs. 2 ZPO erschien dem Gesetzgeber für das verwaltungsgerichtliche Verfahren nicht geeignet. Entscheidungen in Verwaltungssachen kommt häufig eine über den Einzelfall hinausgehende Bedeutung zu.
8. Soweit der Begründung des Verwaltungsaktes oder des Widerspruchsbescheids gefolgt wird, kann von einer weiteren Darstellung der Entscheidungsgründe abgesehen werden (§ 117 Abs. 5 VwGO).
9. Zur Zulassung der Berufung s. Anm. 1 zu Nr. 57. Sprungrevision: § 134 VwGO. Revision bei Ausschluß der Berufung: § 135 VwGO. Der Tenor lautet dann z. B.:
... III. Die Revision zum Bundesverwaltungsgericht wird nicht zugelassen.
10. Der Streitwert wird regelmäßig von Amts wegen festgesetzt, weil er sich (anders als im Zivilprozeß) nur selten aus dem Klageantrag ergibt (§ 13 Abs. 1 S. 1 GKG). Gegen die Festsetzung des Streitwerts durch das Gericht des ersten Rechtszugs ist Beschwerde gegeben (§ 25 Abs. 3 GKG). Der Streitwert wird in der Praxis im Anschluß an Urteil und Rechtsmittelbelehrung gesondert durch Beschluß festgesetzt.

IV. Entscheidungen des Oberverwaltungsgerichts

a) Einzelne gerichtliche Beschlüsse

Nr. 57. Zulassung der Berufung[1]

8 AS 97. 1932
M 12 K 95.271

Bayerischer Verwaltungsgerichtshof

In der Verwaltungsstreitsache

Firma Glaser Baumaschinen GmbH, Luitpoldstr. 29; 80335 München,
vertreten durch ihren Geschäftsführer Hans Ertl   Antragsteller,
bevollmächtigt: Rechtsanwalt Dr. Karl Obermaier, Karlsplatz 8,
80335 München,

gegen

die Gemeinde Stockdorf   Antragsgegner,
vertreten durch den ersten Bürgermeister,
bevollmächtigt: Rechtsanwalt Dr. Bernhard Klemm, Sonnenstr. 37,
80331 München

wegen

Erschließungsbeitrags
hier: Antrag auf Zulassung der Berufung
erläßt der Bayerische Verwaltungsgerichtshof, 8. Senat, durch Vorsitzenden Richter am Bayer. Verwaltungsgerichtshof Ziegler und die Richter am Bayer. Verwaltungsgerichtshof Sellmann und A. Maier ohne mündliche Verhandlung

am 5. Juni 1997

folgenden

Nr. 57

Beschluß:[1,2]

I. Der Antrag auf Zulassung der Berufung wird abgelehnt, weil die Voraussetzungen des § 124 Abs. 2 VwGO nicht vorliegen.
II. Die Rechtsmittelführerin trägt die Voraussetzungen des Antragsverfahrens (§ 154 Abs. 2 VwGO).
III. Der Streitwert für das Antragsverfahren wird auf 8.000,– DM festgesetzt (§ 13 Abs. 1 GKG).

Hinweis:

Von einer Begründung dieses Beschlusses, der einstimmig ergeht, wird gemäß § 124a Abs. 2 Satz 2 VwGO abgesehen.
Mit der Ablehnung des Antrags wird die Entscheidung des Verwaltungsgerichts rechtskräftig (§ 124a Abs. 2 Satz 3 VwGO).

Anmerkungen

1. Muster gilt nicht für Asylverfahren.
2. Bei Zulassung der Berufung erläßt der Bayer. Verwaltungsgerichtshof einen Beschluß nach folgendem Muster:

Beschluß:

I. Die Berufung wird zugelassen,
- ☐ weil ernstliche Zweifel an der Richtigkeit des Urteils/Gerichtsbescheids bestehen (§ 124 Abs. 2 Nr. 1 VwGO).
- ☐ weil die Rechtssache besondere tatsächliche oder rechtliche Schwierigkeiten aufweist (§ 124 Abs. 2 Nr. 2 VwGO).
- ☐ weil die Rechtssache grundsätzliche Bedeutung hat (§ 124 Abs. 2 Nr. 3 VwGO).
- ☐ weil das Urteil/der Gerichtsbescheid von obergerichtlicher Rechtsprechung abweicht und auf dieser Abweichung beruht (§ 124 Abs. 2 Nr. 4 VwGO).
- ☐ weil ein der Beurteilung des Verwaltungsgerichtshofs unterliegender Verfahrensmangel geltend gemacht wird und vorliegt, auf dem die Entscheidung beruhen kann (§ 124 Abs. 2 Nr. 5 VwGO).
- ☐ weil ....
....

II. Das Verfahren wird unter dem Aktenzeichen .... fortgesetzt, der Einlegung einer Berufung bedarf es nicht (§ 124a Abs. 2 Satz 4 VwGO).

Belehrung:

Die Berufung ist innerhalb eines Monats nach Zustellung des Beschlusses über die Zulassung der Berufung zu begründen. Die Begründung ist beim Bayerischen Verwaltungsgerichtshof (in München Hausanschrift: Ludwigstraße 23, 80539 München; Postfachanschrift: Postfach 340148, 80098 München; in Ansbach: Montgelasplatz 1, 91522 Ansbach) einzureichen. Die Begründungsfrist kann auf

Nr. 57

einen vor ihrem Ablauf gestellten Antrag von dem Vorsitzenden verlängert werden. Die Begründung muß einen bestimmten Antrag enthalten sowie die im einzelnen anzuführenden Gründe der Anfechtung (Berufungsgründe). Wegen der Verpflichtung, sich im Berufungsverfahren vertreten zu lassen, wird auf die Rechtsmittelbelehrung der angefochtenen Entscheidung verwiesen. Mangelt es an einem dieser Erfordernisse, so ist die Berufung unzulässig.

Nr. 58

Nr. 58. Einstweilige Anordnung des Oberverwaltungsgerichts

6 AE 97 29
M 5 K 97.67

Bayerischer Verwaltungsgerichtshof

In der Verwaltungsstreitsache

Adalbert und Marianne Thurner, Münchner Str. 2, 82131 Gauting,
                 Antragsteller,
bevollmächtigt: Rechtsanwalt Hans Langhammer, Odeonsplatz 11,
 80539 München,

gegen

den Freistaat Bayern,   Antragsgegner,

vertreten durch die Landesanwaltschaft Bayern,
beigeladen: Otto Amann, Münchner Str. 4, 82131 Gauting,
  bevollmächtigt: Rechtsanwalt Dr. Horst Benrath,
    Amalienstr. 10, 80333 München,

wegen

Genehmigung einer Heizanlage

hier: Antrag des Beigeladenen auf einstweilige Einstellung der Zwangsvollstreckung aus der einstweiligen Anordnung des Verwaltungsgerichts München vom 24. April 1997 i. d. F. des Urteils vom 7. August 1997

erläßt der Bayerische Verwaltungsgerichtshof, 6. Senat, durch Vorsitzenden Richter am Bayer. Verwaltungsgerichtshof Graber und die Richter am Bayer. Verwaltungsgerichtshof Däumling und Pohr ohne mündliche Verhandlung am 29. August 1997

folgenden

Beschluß:

Die Zwangsvollstreckung aus der einstweiligen Anordnung des Verwaltungsgerichts München vom 24. April 1997 in der Fassung des Urteils des Verwaltungsgerichts München vom 7. August 1997 wird einstweilen eingestellt.

Nr. 58

Sachdarstellung.

Gründe:
I.

II.
Tragende Gründe des Beschlusses; vgl. § 123 VwGO.¹

Graber	Däumling	Pohr
(Graber)	(Däumling)	(Pohr)

Anmerkung
1. Rechtsmittel können nicht eingelegt werden (§ 152 Abs. 1 VwGO).

Nr. 59

Nr. 59. Beschluß über das Ruhen des Verfahrens

3 B 97.374
M 4 K 95.278

Bayerischer Verwaltungsgerichtshof

In der Verwaltungsstreitsache

Franz Wiegand, Schriftsteller, Barer Str. 88, 80799 München,

Kläger,

bevollmächtigt: Rechtsanwalt Dr. Hans Böckler, Marienplatz 2, 80331 München,

gegen

den Bezirk Oberbayern – Sozialhilfeverwaltung –, München, vertreten durch den Bezirkstagspräsidenten

Beklagter,

wegen

Sozialhilfe

hier: Berufung gegen das Urteil des Verwaltungsgerichts München vom 8. Dezember 1996 (Antrag auf Ruhen des Verfahrens)

erläßt der Bayerische Verwaltungsgerichtshof, 3. Senat, durch Vorsitzenden Richter am Bayer. Verwaltungsgerichtshof Kreuzpaintner und die Richter am Bayer. Verwaltungsgerichtshof Baier und Wimmer ohne mündliche Verhandlung

am 23. Januar 1997

folgenden

Beschluß:[1,2]

Das Ruhen des Verfahrens wird angeordnet.

| *Kreuzpaintner* | *Baier* | *Wimmer* |
| (Kreuzpaintner) | (Baier) | (Wimmer) |

Anmerkungen

1. Die Entscheidung ergeht ohne schriftliche Begründung.
2. Rechtsmittel können nicht eingelegt werden (§ 152 Abs. 1 VwGO).

Nr. 60

b) Beschwerdeentscheidung

Nr. 60. Beschwerdeentscheidung des Oberverwaltungsgerichts

3 C 97.112
M 7 K 97.327

Bayerischer Verwaltungsgerichtshof

In der Verwaltungsstreitsache

Hans-Joachim Runge, Oberamtsrat a. D., Alpenweg 11,
82194 Gröbenzell,   Kläger,

bevollmächtigt: Rechtsanwalt Dr. Helmut Rall, Türkenstr. 18, 80333 München

gegen

den Freistaat Bayern,   Beklagter,
vertreten durch die Bezirksfinanzdirektion München

wegen

Neufestsetzung der Versorgungsbezüge
hier: Beschwerde gegen den Beschluß des Verwaltungsgerichts München vom 14. Februar 1997

erläßt der Bayerische Verwaltungsgerichtshof, 3. Senat, durch Vorsitzenden Richter am Bayer. Verwaltungsgerichtshof Kreuzpaintner und die Richter am Bayer. Verwaltungsgerichtshof Baier und Wimmer ohne mündliche Verhandlung

am 19. Juni 1997

folgenden

Beschluß:

I. Die Beschwerde wird zurückgewiesen.
II. Der Beschwerdeführer hat die Kosten des Beschwerdeverfahrens zu tragen.
III. Der Streitwert für das Beschwerdeverfahren wird auf 1.200,- DM festgesetzt.

Nr. 60

Gründe:[1]

I.

Sachdarstellung.

II.

Zulässigkeit der Beschwerde[2], *§ 146 VwGO,*
Begründetheit,
Kostenentscheidung, hier: § 154 Abs. 2 VwGO,
Streitwertfestsetzung, hier: § 20 Abs. 3, § 13 Abs. 1 GKG.

Kreuzpaintner	*Baier*	*Wimmer*
(Kreuzpaintner)	(Baier)	(Wimmer)

Anmerkung

1. Zur Begründung vgl. § 122 Abs. 2 S. 3 VwGO.
2. Ggf. Hinweis auf Zulassungsbeschluß nach § 146 Abs. 6 Satz 1 VwGO.

Nr. 61

c) Berufungsurteil

Nr. 61. Berufungsurteil im Verwaltungsgerichtsprozeß[1]

1 B 96.17
M 4 K 96.327

Bayerischer Verwaltungsgerichtshof

Im Namen des Volkes

In der Verwaltungsstreitsache

Martin Zenker, Kaufmann, Talstr. 18, 85276 Pfaffenhofen   Kläger,
bevollmächtigt: Rechtsanwälte Karl Hauser und Dr. Hans Recht,
   Barer Str. 45, 80799 München

gegen

den Freistaat Bayern,   Beklagter,
vertreten durch das Landratsamt Pfaffenhofen
beigeladen: 1. Gemeinde Pfaffenhofen,
   vertreten durch den 1. Bürgermeister
2. Max Moser, Kaufmann, Barer Str. 88,
   80799 München,
   bevollmächtigt: Rechtsanwalt Dr. Hans Barthel,
      Elisabethplatz 5, 80796 München

wegen

Erteilung einer Baugenehmigung an den Beigeladenen zu 2),
hier: Berufungen des Beklagten und des Beigeladenen zu 2) gegen das Urteil des Verwaltungsgerichts München vom 15. November 1996 erläßt der Bayer. Verwaltungsgerichtshof, 1. Senat, durch Vorsitzenden Richter am Bayer. Verwaltungsgerichtshof Dr. Ehlert und die Richter am Bayer. Verwaltungsgerichtshof Grimmer und Dr. Zeller[2] auf Grund der mündlichen Verhandlung vom 27. Juni 1997 (ohne mündliche Verhandlung am 27. Juni 1997)[3] folgendes

Urteil:[4]

I. Das Urteil des Verwaltungsgerichts München vom 15. November 1996 wird aufgehoben.
II. Die Klage wird abgewiesen.

III. Die Kosten des Verfahrens in beiden Rechtszügen einschließlich der außergerichtlichen Kosten der beiden Beigeladenen hat der Kläger zu tragen.
IV. Das Urteil ist wegen der Kosten vorläufig vollstreckbar. Der Kläger darf die Vollstreckung durch Sicherheitsleistung in Höhe des zu vollstreckenden Betrags abwenden, wenn nicht zuvor der Beklagte Sicherheit in gleicher Höhe leistet.[5]
V. Die Revision wird zugelassen.

Tatbestand:[6]

Darstellung des wesentlichen, entscheidungserheblichen Sachverhalts, mit Widerspruchsverfahren, Klageerhebung und Klageantrag, Tenor und tragenden Gründen des Verwaltungsgerichtsurteils, Berufungseinlegung, Berufungsanträgen und Berufungsbegründung, Anträgen des Berufungsgegners, Berufungserwiderung und Ergebnis einer Beweisaufnahme.

Entscheidungsgründe:

Zulässigkeit der Berufung, § 124 VwGO,
Gegenstand der Klage,
Begründetheit der Berufung, und zwar:
   Zulässigkeit der Klage und
   Begründetheit der Klage,
Kosten des Berufungsverfahrens, § 154 Abs. 1 oder 2 VwGO,
evtl. vorläufige Vollstreckbarkeit, § 167 VwGO i. V. mit §§ 708 ff. ZPO,
Zulassung der Revision, § 132 Abs. 2 VwGO.

Rechtsmittelbelehrung:[7]

Nach § 139 VwGO kann die Revision innerhalb eines Monats nach Zustellung dieser Entscheidung beim Bayerischen Verwaltungsgerichtshof in München (in München: Hausanschrift Ludwigstr. 23, 80539 München; Postfachanschrift: Postfach 340148, 80098 München; in Ansbach: Montgelasplatz 1, 91522 Ansbach), schriftlich eingelegt werden. Die Revision muß die angefochtene Entscheidung bezeichnen. Sie ist spätestens innerhalb von zwei Monaten nach Zustellung dieser Entscheidung zu begründen. Die Begründung ist beim Bundesverwaltungsgericht, Hardenbergstraße 31, 10623 Berlin, einzureichen. Die Revisionsbegründung muß einen bestimmten Antrag enthalten, die verletzte Rechtsnorm und, soweit Verfahrensmängel gerügt werden, die Tatsachen angeben, die den Mangel ergeben.
Vor dem Bundesverwaltungsgericht muß sich jeder Beteiligte durch einen Rechtsanwalt oder einen Rechtslehrer an einer deutschen Hoch-

schule als Bevollmächtigten vertreten lassen. Das gilt auch für die Einlegung der Revision. Abweichend davon können sich juristische Personen des öffentlichen Rechts und Behörden auch durch Beamte oder Angestellte mit Befähigung zum Richteramt vertreten lassen.

Ehlert   *Grimmer*   *Zeller*
(Dr. Ehlert)   (Grimmer)   (Dr. Zeller)

Beschluß:[8]

Der Streitwert für das Berufungsverfahren wird auf 6.000,– DM festgesetzt.

Ehlert   *Grimmer*   *Zeller*
(Dr. Ehlert)   (Grimmer)   (Dr. Zeller)

Anmerkungen

1. Unter den Voraussetzungen des § 130 a VwGO kann die Berufung auch durch Beschluß zurückgewiesen werden.
2. Zur Besetzung des Senats vgl. § 9 Abs. 3 VwGO i. V. mit den landesrechtlichen Ausführungsgesetzen.
3. Schriftliches Verfahren ist nur möglich, wenn beide Parteien damit einverstanden sind (§ 101 Abs. 2 VwGO).
4. Weitere Beispiele für die Fassung des Tenors:
   I. Das Urteil des Verwaltungsgerichts München vom 15. November 1996 wird abgeändert und erhält in Nummer 1. und 2. folgende Fassung:
      1. Der Bescheid des Landratsamts Pfaffenhofen vom 26. Juni 1995 und der Widerspruchsbescheid der Regierung von Oberbayern vom 14. Januar 1996 werden insoweit aufgehoben, als dem Kläger für den Fall nicht rechtzeitiger Beseitigung der Einfriedung ein Zwangsgeld von 1.000,– DM, für den Fall nicht rechtzeitiger Beseitigung des Behelfsheims ein Zwangsgeld von 5.000,– DM angedroht wurde. Im übrigen wird die Klage abgewiesen.
      2. Von den Kosten des Verfahrens hat der Kläger drei Viertel, der Beklagte ein Viertel zu tragen.
   II. Im übrigen wird die Berufung zurückgewiesen.
   III. Von den Kosten des Berufungsverfahrens hat der Kläger drei Viertel, der Beklagte ein Viertel zu tragen.
   IV. Die Kostenentscheidung ist vorläufig vollstreckbar. Der Beklagte darf die Vollstreckung von seiten des Klägers durch Sicherheitsleistung in Höhe des zu vollstreckenden Betrages abwenden, wenn nicht zuvor der Kläger Sicherheit in gleicher Höhe leistet.
   V. Die Revision wird nicht zugelassen.
      oder
   I. Die Berufung wird verworfen.
   II. Der Kläger hat die Kosten des Berufungsverfahrens einschließlich der außergerichtlichen Kosten des Beigeladenen ... zu tragen.
   III. Die Revision wird nicht zugelassen.
   oder

Nr. 61

I. Das Urteil des Verwaltungsgerichts ... wird aufgehoben.
II. Der Bescheid der ... und der Widerspruchsbescheid der ... werden aufgehoben.
III. Die Beklagte hat die Kosten des Verfahrens in beiden Rechtszügen zu tragen.
IV. Die Revision wird zugelassen.

oder

I. Das Urteil des Verwaltungsgerichts ... wird aufgehoben.
II. Die Sache wird zur erneuten Verhandlung und Entscheidung an das Verwaltungsgericht ... zurückverwiesen.
III. Die Entscheidung über die Kosten bleibt der Endentscheidung vorbehalten.
IV. Die Revision wird zugelassen.

5. Zur Frage eines Vollstreckungsschutz-Ausspruches im Urteil vgl. Anm. 6 zu Nr. 56.
6. Zur Abfassung des Tatbestandes vgl. § 125 Abs. 1 VwGO und Anm. 7 zu Nr. 56.
7. Rechtsmittelbelehrung, wenn die Revision gegen das Urteil nicht zugelassen wurde:

Rechtsmittelbelehrung

Nach § 133 VwGO kann die Nichtzulassung der Revision durch Beschwerde zum Bundesverwaltungsgericht in Berlin angefochten werden. Die Beschwerde ist beim Bayerischen Verwaltungsgerichtshof in München (in München: Hausanschrift Ludwigstr. 23 80539 München; Postanschrift 340148, 80098 München; in Ansbach: Montgelasplatz 1, 91522 Ansbach), innerhalb eines Monats nach Zustellung dieser Entscheidung schriftlich einzulegen und innerhalb von zwei Monaten nach Zustellung dieser Entscheidung zu begründen. Die Beschwerde muß die angefochtene Entscheidung bezeichnen. In der Beschwerdebegründung muß die grundsätzliche Bedeutung der Rechtssache dargelegt oder die Entscheidung des Bundesverwaltungsgerichts oder des Gemeinsamen Senats der obersten Gerichtshöfe des Bundes oder des Bundesverfassungsgerichts, von der die Entscheidung des Bayerischen Verwaltungsgerichtshofs abweicht, oder der Verfahrensmangel bezeichnet werden.
Vor dem Bundesverwaltungsgericht muß sich jeder Beteiligte durch einen Rechtsanwalt oder einen Rechtslehrer an einer deutschen Hochschule als Bevollmächtigten vertreten lassen. Das gilt auch für die Einlegung der Beschwerde gegen die Nichtzulassung der Revision. Abweichend davon können sich juristische Personen des öffentlichen Rechts und Behörden auch durch Beamte oder Angestellte mit Befähigung zum Richteramt sowie Diplomjuristen im höheren Dienst vertreten lassen.

8. Auch das Oberverwaltungsgericht kann einen Beschluß über den Wert des Streitgegenstandes, z. B. im Anschluß an die Rechtsmittelbelehrung des Urteils, erlassen (§§ 14, 25 Abs. 1 GKG). Hiergegen ist jedoch keine Beschwerde gegeben (§ 25 Abs. 2 Satz 2 GKG).

D. STEUERRECHT

Nr. 62. Einspruchsentscheidung des Finanzamts

Finanzamt München II München, 16. Juni 1997
St Nr. 135/14356
Mit Postzustellungsurkunde

Herrn Steuerberater
Dr. Anton Meier
Heßstr. 5
80799 München

Einspruchsentscheidung[1]

Über den Einspruch vom 3. 2. 1997
des Herrn Berthold Kohlndorfer, Kaufmann, Prinzregentenstr. 41, 80538 München,
vertreten durch Steuerberater Dr. Anton Meier, Heßstr. 45, 80799 München
gegen den Einkommensteuerbescheid 1995 vom 12. 9. 1996
entscheidet das Finanzamt:

> In Abänderung des Bescheids vom 12. 9. 1996 wird die Einkommensteuer 1995 auf 12.476,– DM herabgesetzt.[2]

Gründe:

I

Sachdarstellung mit dem Antrag des Einspruchsführers.

II

Rechtliche Würdigung (und ggf. Neuberechnung der festgesetzten Steuer).

Rechtsbehelfsbelehrung

Sie können gegen diese Entscheidung beim Finanzgericht München, 81630 München, Postfach 86 03 60, schriftlich oder zur Niederschrift des Urkundsbeamten der Geschäftsstelle beim Finanzgericht München in München, Maria-Theresia-Straße 17, Klage erheben. Die Klage ist gegen das vorstehend bezeichnete Finanzamt zu richten.

Nr. 62

Die Frist für die Erhebung der Klage beträgt einen Monat. Sie beginnt mit Ablauf des Tages, an dem Ihnen die Entscheidung bekanntgegeben worden ist. Tag der Bekanntgabe ist bei Zustellung mit Postzustellungsurkunde oder gegen Empfangsbekenntnis der Tag der Zustellung. Bei Zusendung mit einfachem Brief oder bei Zustellung durch eingeschriebenen Brief gilt die Bekanntgabe mit dem dritten Tag nach Aufgabe zur Post als bewirkt, es sei denn, daß die Entscheidung zu einem späteren Zeitpunkt zugegangen ist. Tag der Aufgabe zur Post ist das Datum der Einspruchsentscheidung.

Die Frist für die Erhebung der Klage gilt als gewahrt, wenn die Klage beim vorstehend bezeichneten Finanzamt oder der angegebenen Außenstelle innerhalb der Frist angebracht oder zur Niederschrift gegeben wird.

Die Klage muß den Kläger, den Beklagten, den Gegenstand des Klagebegehrens und den Verwaltungsakt sowie die Entscheidung über den außergerichtlichen Rechtsbehelf bezeichnen. Sie soll einen bestimmten Antrag enthalten und die zur Begründung dienenden Tatsachen und Beweismittel angeben. Die Klageschrift soll in zweifacher Ausfertigung eingereicht werden.

Betrifft diese Einspruchsentscheidung eine **einheitliche und gesonderte Feststellung** von Besteuerungsgrundlagen, sind folgende Personen zur Klageerhebung berechtigt:
– Grundsätzlich:
  Nur die zur Vertretung berufenen Geschäftsführer oder, wenn solche nicht vorhanden sind, der Empfangsbevollmächtigte im Sinne des § 183 AO bzw. des § 6 der V zu § 180 Abs. 2 AO;
– wenn weder ein zur Vertretung berufener Geschäftsführer noch ein Empfangsbevollmächtigter im Sinne des § 183 AO bzw. der § 6 der V zu § 180 Abs. 2 AO vorhanden ist: Jeder Gesellschafter, Gemeinschafter oder Mitberechtigte, gegen den der Feststellungsbescheid ergangen ist;
– wenn kein zur Vertretung berufener Geschäftsführer, aber ein Empfangsbevollmächtigter im Sinne des § 183 AO bzw. des § 6 der V zu § 180 Abs. 2 AO vorhanden ist: Der Empfangsbevollmächtigte und, falls der Empfangsbevollmächtigte von Gesetzes wegen fingiert oder von der Finanzbehörde bestimmt wurde, jeder Feststellungsbeteiligte, der für seine Person der Klagebefugnis des Empfangsbevollmächtigten gegenüber dem Finanzamt widersprochen hat;
– soweit es sich darum handelt, wer an dem festgestellten Betrag beteiligt ist und wie dieser sich auf die einzelnen Beteiligten verteilt:
  Jeder, der durch die Feststellungen hierzu berührt wird;
– soweit es sich um eine Frage handelt, die einen Beteiligten persönlich angeht (z.B. Sondervergütungen, persönliche Betriebsausgaben oder Wirtschaftsgüter im Eigentum eines Gesellschafters):

Jeder, der durch die Feststellungen über die Frage berührt wird;
- ausgeschiedene Gesellschafter, Gemeinschafter oder Mitberechtigte, gegen die der Feststellungsbescheid ergangen ist oder zu ergehen hätte.

Betrifft die Einspruchsentscheidung eine **Ablehnung der Aussetzung der Vollziehung** kann beim Finanzgericht München keine Klage sondern nur ein Antrag auf gerichtliche Vollziehungsaussetzung gestellt werden (§ 361 Abs. 4 AO, § 69 Abs. 7 FGO). Ist die Streitsache, für die Aussetzung der Vollziehung begehrt wird, in der Hauptsache bereits beim Bundesfinanzhof abhängig, dann ist der Antrag auf gerichtliche Vollziehungsaussetzung beim Bundesfinanzhof, Ismaninger Straße 109, 81629 München zu stellen.

I. A.
Ernst
(Ernst)
Oberregierungsrat

Anmerkungen

1. Wird dem Einspruch vollinhaltlich entsprochen, erfolgt in der Regel nur eine Berichtigungsveranlagung nach § 172 Abs. 1 Nr. 2 a, § 367 Abs. 2 S. 3 AO mit dem Hinweis „Hierdurch erledigt sich Ihr Rechtsbehelf/Antrag vom . . .".
2. Nach der AO 1977 werden im außergerichtlichen Rechtsbehelfsverfahren keine Kosten mehr erhoben (beachte aber § 139 Abs. 1 FGO).

Nr. 63

Nr. 63. Finanzgerichtsurteil

Finanzgericht München
1 K 246/96

Im Namen des Volkes

Urteil

In der Streitsache

Max Maier, Neuhauser Straße 49, 80331 München,

— Kläger —

Prozeßbevollmächtigter: Wirtschaftsprüfer Dr. Arthur Koch, Hohenzollernstr. 1, 80801 München

gegen

Finanzamt München III — Beklagter —
vertreten durch den Vorsteher
St Nr. 346/16824

beigeladen:[1] Anton Huber, Gerstäckerstraße 39, 81827 München,
Prozeßbevollmächtigter: Rechtsanwalt Dr. Karl Otten, Karlsplatz 6, 80335 München

wegen einheitlicher und gesonderter Gewinnfeststellung 1994
der Fa. Maier und Huber KG

hat das Finanzgericht München, 1. Senat, unter Mitwirkung des Vorsitzenden Richters am Finanzgericht Dr. Angermüller, der Richter am Finanzgericht Stoiber und Dr. Süß sowie der ehrenamtlichen Richter Harringer und Bühler auf Grund der mündlichen Verhandlung vom 12. Juni 1997[2] für Recht erkannt:[3]

1. Die Klage wird abgewiesen.[4]
2. Der Kläger trägt die Kosten des Verfahrens.[5,6]
3. Die Revision wird nicht zugelassen.

Gründe:

Streitig ist ... *(folgt abstrakte Rechtsfrage, möglichst in einem Satz)*

I.

Gedrängte Darstellung des Sach- und Streitstandes.⁷ Im einzelnen: der wesentliche, entscheidungserhebliche Sachverhalt (einschließlich des vorangegangenen Verwaltungsverfahrens) auf der Grundlage des Akteninhalts (soweit Gegenstand der mündlichen Verhandlung) und des Vorbringens in der mündlichen Verhandlung sowie die dem Urteil vorausgehenden Entscheidungen des Gerichts (z. B. Beweisbeschlüsse). Auf Schriftsätze, Protokolle und andere Unterlagen soll verwiesen werden, soweit sich aus ihnen der Sach- und Streitstand ergibt. Die gestellten Anträge sind hervorzuheben.

II.

Zulässigkeit der Klage (Ausführungen nur, soweit Zweifel bestehen) Begründetheit der Klage (ggf. Feststellungen zum Sachverhalt, evtl. Beweiswürdigung; rechtliche Ausführungen)

Kostenentscheidung, §§ 135 ff. FGO,⁸

Rechtsmittelbelehrung⁹

1. Gegen dieses Urteil steht den Beteiligten die Revision an den Bundesfinanzhof zu, wenn einer der in § 116 Abs. 1 Finanzgerichtsordnung aufgeführten wesentlichen Mängel des Verfahrens gerügt wird.

Die Revision ist beim Finanzgericht München, Maria-Theresia-Straße 17, 81675 München (Postanschrift: Postfach 86 03 60, 81630 München), innerhalb eines Monats nach Zustellung des vollständigen Urteils schriftlich einzulegen und spätestens innerhalb eines weiteren Monats zu begründen. Die Revision muß das angefochtene Urteil angeben. Die Revisionsbegründung oder die Revision muß einen bestimmten Antrag enthalten, die verletzte Rechtsnorm und die Tatsachen bezeichnen, die den gerügten Verfahrensmangel ergeben.

2. Die Nichtzulassung der Revision kann selbständig durch Beschwerde an den Bundesfinanzhof angefochten werden. Die Beschwerde ist innerhalb eines Monats nach Zustellung des Urteils schriftlich beim Finanzgericht München (Anschrift siehe Nr. 1) einzulegen. In der Beschwerdeschrift muß die grundsätzliche Bedeutung der Rechtssache dargelegt oder die Entscheidung des Bundesfinanzhofs, von der das Urteil abweicht, oder der Verfahrensmangel bezeichnet werden (Hinweis auf § 115 Abs. 2 Finanzgerichtsordnung). Wird auf die Beschwerde hin die Revision zugelassen, so ist die Revision innerhalb eines Monats nach Zustellung des Beschlusses über die Zulassung der Revision einzulegen und innerhalb eines weiteren Monats zu begründen (siehe Nr. 1 Abs. 2).

Nr. 63

3. Vor dem Bundesfinanzhof muß sich jeder Beteiligte durch einen Rechtsanwalt, Steuerberater oder Wirtschaftsprüfer als Bevollmächtigten vertreten lassen. Dies gilt auch für die Einlegung der Revision sowie der Beschwerde. Juristische Personen des öffentlichen Rechts und Behörden können sich auch durch Beamte oder Angestellte, welche die Befähigung zum Richteramt besitzen, vertreten lassen.

Angermüller	*Stoiber*	*Süß*
(Dr. Angermüller)	(Stoiber)	(Dr. Süß)

Anmerkungen
1. Über Beiladungen zum Verfahren vgl. § 60 FGO.
2. Das Gericht kann gem. § 90 Abs. 2 FGO ohne mündliche Verhandlung entscheiden, wenn die Beteiligten einverstanden sind.
3. Gem. § 90 a FGO kann das Gericht in geeigneten Fällen durch Gerichtsbescheid entscheiden. Am Ende der Entscheidungsgründe kommt anstelle der Rechtsmittelbelehrung für das Urteil folgende:
Rechtsmittelbelehrung
1. Gegen diesen Gerichtsbescheid kann jeder Beteiligte Revision zum Bundesfinanzhof einlegen, wenn
a) das Finanzgericht sie im Gerichtsbescheid zugelassen hat oder
b) einer der in § 116 Abs. 1 Finanzgerichtsordnung aufgeführten wesentlichen Mängel des Verfahrens gerügt wird oder
c) es sich um ein Urteil in Zolltarifsachen handelt.
Die Revision ist beim Finanzgericht München, Maria-Theresia-Straße 17, 81675 München (Postanschrift: Postfach 86 03 60, 81630 München), innerhalb eines Monats nach Zustellung des Gerichtsbescheids schriftlich einzulegen und spätestens innerhalb eines weiteren Monats zu begründen. Die Revision muß das angefochtene Urteil (Gerichtsbescheid) angeben. Die Revisionsbegründung oder die Revision muß einen bestimmten Antrag enthalten, die verletzte Rechtsnorm und, soweit Verfahrensmängel gerügt werden, die Tatsachen bezeichnen, die den Mangel ergeben.
2. Die Nichtzulassung der Revision kann selbständig durch Beschwerde an den Bundesfinanzhof angefochten werden. Die Beschwerde ist innerhalb eines Monats nach Zustellung des Gerichtsbescheid schriftlich beim Finanzgericht München (Anschrift siehe Nr. 1) einzulegen. Ist die Revision nicht zugelassen worden, kann innerhalb eines Monats nach Zustellung des Gerichtsbescheids auch mündliche Verhandlung beantragt werden. Wird rechtzeitig mündliche Verhandlung beantragt, gilt der Gerichtsbescheid als nicht ergangen. Wird sowohl Nichtzulassungsbeschwerde eingelegt als auch mündliche Verhandlung beantragt, so findet mündliche Verhandlung statt.
3. In der Beschwerdeschrift wegen Nichtzulassung der Revision (siehe Nr. 2) muß die grundsätzliche Bedeutung der Rechtssache dargelegt oder die Entscheidung des Bundesfinanzhofs, von der das Urteil abweicht, oder der Verfahrensmangel bezeichnet werden (Hinweis auf § 115 Abs. 2 Finanzgerichtsordnung). Wird auf die Beschwerde hin die Revision zugelassen, so ist die Revision innerhalb eines Monats nach Zustellung des Beschlusses über die Zulassung der Revision einzulegen und innerhalb eines weiteren Monats zu begründen (siehe Nr. 1 Abs. 2).
4. Vor dem Bundesfinanzhof muß sich jeder Beteiligte durch einen Rechtsanwalt, Steuerberater oder Wirtschaftsprüfer als Bevollmächtigten vertreten

Nr. 63

lassen. Dies gilt auch für die Einlegung der Revision sowie der Beschwerde. Juristische Personen des öffentlichen Rechts und Behörden können sich auch durch Beamte oder Angestellte, welche die Befähigung zum Richteramt besitzen, vertreten lassen.
4. Hat die Klage teilweise Erfolg, lautet der Tenor z. B.:
   I. In Abänderung des Steuerbescheids vom 5. 6. 1996 und der Einspruchsentscheidung vom 23. 10. 1996 wird die Einkommensteuer 1995 auf 6.728,– DM festgesetzt.
   Im übrigen wird die Klage abgewiesen.
   II. Der Kläger trägt ⅕, der Beklagte ⅘ der Kosten des Verfahrens.
   III Die Revision wird zugelassen.
   IV. Das Urteil ist hinsichtlich der Kosten vorläufig vollstreckbar. Der Beklagte kann die Vollstreckung durch Sicherheitsleistung in Höhe von . . . DM abwenden, wenn nicht der Kläger vor der Vollstreckung Sicherheit in gleicher Höhe leistet.[6]
5. Der Streitwert wird im finanzgerichtlichen Verfahren in der Regel nicht gesondert festgesetzt. Zu einer Festsetzung durch Beschluß kommt es nur, wenn ein Beteiligter oder die Staatskasse dies beantragt oder das Gericht es für angemessen erachtet (§ 25 GKG).
6. Zur vorläufigen Vollstreckbarkeit vgl. §§ 151 Abs. 1 und 3, 155 FGO, § 708 Nr. 11, §§ 711 oder 709 ZPO.
7. Zum Inhalt des Tatbestands vgl. § 105 Abs. 3 FGO; s. auch Anm. 7 zu Nr. 56.
8. Meist genügt eine kurze Begründung, z. B. „Die Kostenentscheidung folgt aus § 135 Abs. 1 FGO".
9. Rechtsmittelbelehrung, wenn Revision nicht zugelassen wurde (vgl. Art. 1 Nr. 5 des G zur Entlastung des Bundesfinanzhofs vom 8. 7. 1975) und keine Zolltarifsache vorliegt.

Registerzeichen der Gerichte

A. Ordentliche Gerichte

I. Zivilrecht

1. Streitige Gerichtsbarkeit

a) Amtsgerichte

B	Mahnsachen
C	Allgemeine Zivilsachen
DR	Aufträge an Gerichtsvollzieher
F	Familiensachen
FH	Anträge außerhalb eines anhängigen Verfahrens in Familiensachen
H	Anträge außerhalb anhängiger allg. Zivilsachen
HL	Hinterlegungssachen
J	Verteilungssachen
K	Zwangsversteigerungssachen
L	Zwangsverwaltungssachen
M	Allgemeine Zwangsvollstreckungssachen
N	Konkursverfahren
VN	Vergleichsverfahren

b) Landgerichte

O	Allgemeine Zivilsachen 1. Instanz
OH	Anträge außerhalb anhängiger Zivilverfahren 1. Instanz
S	Berufungsverfahren in Zivilsachen
SH	Anträge außerhalb anhängiger Berufungsverfahren in Zivilsachen
T	Beschwerde in Zivilsachen

c) Oberlandesgerichte

U	Berufungen in Zivilsachen
UF	Berufungen und Beschwerden gegen Endentscheidungen in Familiensachen
UFH	Anträge außerhalb anhängiger Berufungsverfahren in Familiensachen
UH	Anträge außerhalb anhängiger Berufungsverfahren in allg. Zivilsachen
W	Beschwerden in Zivilsachen
WF	Beschwerden in Familiensachen
Lw W	Beschwerden in Landwirtschaftssachen

d) Bundesgerichtshof

BLw	Rechtsbeschwerden in Landwirtschaftssachen
GSZ	Großer Senat in Zivilsachen
KVR	Kartellsachen
KZR	Kartellsachen
VRG	Vorlagen nach §§ 80, 84, 86 BVerfGG
VGS	Vereinigte Große Senate
ZA	Anträge außerhalb anhängiger Revisionsverfahren
ZB	Beschwerden in Zivilsachen
ZR	Revisionen in Zivilsachen

Registerzeichen

2. Freiwillige Gerichtsbarkeit

a) Amtsgerichte

I	Beurkundungen
II	Sonstige Handlungen und Entscheidungen
III	Standesamtssachen
V	Vermittlung von Auseinandersetzungen
VI	Sonstige Nachlaßsachen
VII	Vormundschaftssachen
VIII	Pflegschaften
IX	Beistandschaften
X	Sonstige vormundschaftsgerichtliche Angelegenheiten
XIV	Freiheitsentziehungs- und Unterbringungssachen
XV	Landwirtschaftssachen
XVI	Adoptionssachen
XVII	Betreuungssachen
GnR	Genossenschaftsregister
GR	Güterrechtsregister
HR	Handelsregister
Pk	Pachtkreditregister
VR	Vereinsregister
VerwB	Verwahrbuch für Verfügungen von Todes wegen
UV	Unterbringungsverfahren nach § 1800 BGB

b) Landgerichte

T	Beschwerdesachen

c) Oberlandesgerichte

W	Weitere Beschwerden (In Bayern: Bayer. Oberstes Landesgericht BRegZ)

II. Strafrecht

a) Amtsgerichte

Bs	Privatklagen
Cs	Strafbefehle
Ds	Strafverfahren vor dem Einzelrichter
Gs	einzelne richterliche Anordnungen in Strafsachen
Ls	Strafverfahren vor dem Schöffengericht
OWi	Bußgeldverfahren
VRJs	Vollstreckungsregister für Jugendgerichtssachen

b) Staatsanwaltschaften

AR	Allgemeines Register
*EWs	Entlassungs- und Widerrufssachen
Gns	Gnadensachen
Hs	Zivilsachen
Js	Strafsachen (Ermittlungsverfahren)
UJs	Ermittlungsverfahren gegen Unbekannt
VRs	Strafvollstreckungssachen

* Gilt nicht in allen Bundesländern.

Registerzeichen

c) Amtsanwaltschaften
  *PLs Strafprozeßliste

d) Landgerichte
  KLs   Erstinstanzielle Strafsachen vor der Großen Strafkammer
  Ks   Strafsachen vor dem Schwurgericht
  Ns   Berufungen in Strafsachen
  Ps   Berufungen in Privatklagesachen
  Qs   Beschwerden in Straf- und Bußgeldsachen
  StVK Verfahren vor der Strafvollstreckungskammer

e) Generalstaatsanwälte
  Ausl Auslieferungssachen
  EV   Ehrengerichtliche Verfahren gegen Rechtsanwälte
  OJs   Erstinstanzliche Strafsachen
  Rs   Zivilsachen
  Zs   Beschwerden gegen Amts- und Staatsanwälte

f) Oberlandesgerichte
  *HEs Register für Haftentscheidungen
  Ss   Revisionen in Strafsachen und Rechtsbeschwerden in Bußgeldsachen; letztere werden bei manchen Oberlandesgerichten mit Ss (OWi) oder Ss (B) bezeichnet. (In Bayern: Bayer. Oberstes Landesgericht RReg. St bzw. BReg. St)
  VAs   Entscheidungen über Justizverwaltungsakte in Strafsachen
  Vs   Revisionen in Privatklagesachen
  Ws   Beschwerden in Straf- und Bußgeldsachen

g) Generalbundesanwalt
  ARP   Allgemeines Register für politische Sachen
  BJs   Ermittlungsverfahren in erstinstanzlichen Strafsachen
  StE   Verfahren in erstinstanzlichen Strafsachen beim Bundesgerichtshof

h) Bundesgerichtshof
  ARs   Gerichtsstandbestimmungen in Strafsachen, Auslieferungssachen
  BGs   Teilregister für Strafsachen (einzelne Anordnungen des Ermittlungsrichters)
  GSSt Großer Senat in Strafsachen
  StB   Beschwerden in Strafsachen
  StR   Revisionen in Strafsachen
  VGS   Vereinigte Große Senate

B. Gerichte für Arbeitssachen

a) Arbeitsgerichte
  Ba   Mahnverfahren
  BV   Beschlußverfahren
  Ca   Zivilsachen
  Ga   Arreste und einstweilige Verfügungen
  Ha   Anträge außerhalb anhängiger Verfahren der ersten Instanz

* Gilt nicht in allen Bundesländern.

Registerzeichen

b) Landesarbeitsgerichte
Sa   Berufungssachen
SHa   Anträge außerhalb anhängiger Berufungsverfahren
Ta   Beschwerdesachen allgemein
TaBV   Beschwerdesachen in Beschlußverfahren

c) Bundesarbeitsgericht
ABR   Allgemeine Rechtsbeschwerden
ARV   Vorlagen nach §§ 80, 86 BetrVG
AZA   Prozeßkostenhilfeanträge außerhalb anhängiger Verfahren
AZB   Revisionsbeschwerden
ARZ   Revisionen
GS   Großer Senat des Bundesarbeitsgerichts

C. Verwaltungsgerichtsbarkeit

Sämtliche anhängigen Verfahren werden fortlaufend numeriert. Dabei hat es sich bewährt, die einzelnen Kammern bzw. Senate im Aktenzeichen mit römischen oder arabischen Ziffern zu bezeichnen.

In einigen Bundesländern werden für die einzelnen Verfahrensarten besondere Registerzeichen verwendet, so z. B. in Bayern:

Verwaltungsgerichte
K   Klage
E   einstweilige Anordnung (Antrag nach § 123 VwGO)
E1   einstweilige Anordnung des Nachbarn
ES   Anträge gemäß §§ 123 und 80 Abs. 5 VwGO
S   Antrag auf aufschiebende Wirkung (Antrag nach § 80 Abs. 5 VwGO)
S1   Antrag auf aufschiebende Wirkung des Nachbarn
S7   Antrag nach § 80 Abs. 7 VwGO
SV   Antrag auf vorläufigen Rechtsschutz
SE   Anträge nach §§ 80 und 123 VwGO
SK   Antrag gemäß § 80 a Abs. 3 VwGO (Vermerk: des Konkurrenten)
SN   Antrag nach § 80 a Abs. 3 i. V. m. § 80 Abs. 5 VwGO (Nachbarsachen)
V   Vollstreckung
D   förmliches Disziplinarverfahren
DA   Disziplinar-Antragsverfahren
DS   Disziplinar-Eilverfahren (Antrag nach § 80 Abs. 5 VwGO)
D S   Disziplinar-Eilverfahren (ohne zusätzlichen Text)
D E   Disziplinar-Eilverfahren (ohne zusätzlichen Text)
P   Personalvertretungsverfahren
PE   Personalvertretungsverfahren, einstweilige Anordnung
R   Rechtshilfe
X   Sonstiges
X1   Sonstiges, Antrag auf Sicherung des Beweises
XS   Wohnungseröffnungsverfahren

Verwaltungsgerichtshof
A   Klageverfahren im ersten Rechtszug
AE   Anträge nach § 123 VwGO in erster Instanz
AS   Anträge nach § 80 VwGO in erster Instanz
B   Berufungen

Registerzeichen

C	Beschwerden (allgemein)
CE	Beschwerden nach § 123 VwGO
CS	Beschwerden nach § 80 VwGO
N	Normenkontrollanträge
NE	einstweilige Anordnungen im Normenkontrollverfahren
S	Sonstiges

Sachverzeichnis

Die **fettgedruckten** Zahlen bezeichnen die Nummer (nicht die Seite) der einzelnen Muster; die übrigen Zahlen und Buchstaben verweisen auf die Anmerkungen.

Abänderungsurteil **12** 2 H
Anklageschrift **36**
Anordnung der sofortigen Vollziehung **48**
Antragsschrift im familiengerichtlichen Verfahren **10**
Arbeitsgerichtsurteil **19**
Arrestbefehl **4**
Arrest – dinglicher **3**, **4**; – persönlicher **3** 4, **4** 5
Arrestgesuch **3**
Aufschiebende Wirkung – Anordnung durch Verwaltungsgericht **52**

Berufungsbegründungsschrift im Zivilprozeß **14**
Berufungseinlegungsschrift – im Strafprozeß **41**; – im Zivilprozeß **13**
Berufungsurteil – im Strafprozeß **42**; im Verwaltungsgerichtsprozeß **61**; – im Zivilprozeß **15**
Bescheid einer Kreisverwaltungsbehörde **47**
Beschlagnahmebeschluß **29**
Beschränkung der Strafverfolgung **33** 1
Beschwerdeentscheidung – im Strafprozeß **44**; – im Verwaltungsgerichtsprozeß **60**; – im Zivilprozeß **18**; – in der freiwilligen Gerichtsbarkeit: allgemein **26**; Erbscheinssachen **27**; Grundbuchsachen **28**
Beschwerdeschrift im Zivilprozeß **17**
Beweisbeschluß **11**
Bußgeldbescheid **49**

Durchsuchungsbeschluß **29**

Ehescheidung – Antragsschrift **10**; – einverständliche **10** 12; – Urteil **12** 2 J
Einspruch gegen Versäumnisurteil **12** 2 D c
Einspruchsentscheidung des Finanzamts **62**
Einstellungsbeschluß im Verwaltungsgerichtsprozeß **51**

Einstellungsverfügung der Staatsanwaltschaft **33**
Einstweilige Anordnung – im Ehescheidungsverfahren **10**; – im Verwaltungsgerichtsprozeß **53**, **58**
Einstweilige Verfügung – Antrag **1**; – Beschluß **2**
Eintragungsverfügung in Grundbuchsachen **25**
Endurteil **12** 1 und **2** 1
Erbschein **21**
Erbscheinsablehnung **22**
Eröffnungsbeschluß **37**

Finanzgerichtsurteil **63**
Folgesachen im Scheidungsverfahren **10**

Gerichtsbescheid **55**
Gesamtstrafe **38**
Grundurteil **12** 2 F

Haftbefehl **31**
– Außervollzugsetzung **32**
Haftbefehlsantrag **30**
Hauptsacheerledigung im Verwaltungsgerichtsprozeß **51**

Klageerwiderung **8**
Klageerzwingungsantrag **34**
Klagenhäufung **12** 2 B
Klageschrift **7**

Nebenintervention **12** 1 B f
Nichteröffnungs-Beschluß **37**

Pfändungs- und Überweisungsbeschluß **6**
Privatklageschrift **39**
Privatklageurteil **40**
Prozeßkostenhilfe – im Verwaltungsprozeß **54**; – im Zivilprozeß **5**, **17**

Revisionsbegründung im Strafprozeß **43**; – im Zivilprozeß **16**
Revisionseinlegung – im Strafprozeß **41**; – im Zivilprozeß **16**

Sachverzeichnis

Ruhen des Verfahrens im Verwaltungsgerichtsprozeß 59

Sorgerecht 10
Strafbefehl 35
Strafurteil – 1. Instanz 38; – Berufungsinstanz 42; Privatklage 40; Revision 43 1
Streitgenossenschaft 12 1 B d
Streitverkündungsschrift 9
Stufenklage 10 3

Teileinstellung des Ermittlungsverfahrens 33 1

Urteil – im Arbeitsgerichtsprozeß 19; – im Finanzgerichtsprozeß 63; – im Strafprozeß: 1. Instanz 38, Berufungsinstanz 42; Privatklage 40; – im Verwaltungsgerichtsprozeß: 1. Instanz 56; Berufungsinstanz 61; – im Zivilprozeß: 1. Instanz 12; Berufungsinstanz 15
Urteilsformeln – im Arbeitsgerichtsprozeß 19 3; – im Finanzgerichtsprozeß 63 4; – im Strafprozeß: 1. Instanz 38 2; Berufungsinstanz 42 1; Revision 43 1; – im Verwaltungsgerichtsprozeß: 1. Instanz 56 5; Berufungsinstanz 61 6; – im Zivilprozeß: 1. Instanz 12 1, 12 2; Berufungsinstanz 15 1

Versäumnisurteil 12 2 D
Versorgungsausgleich 10 8
Verzichtsurteil 12 2 C
Vorbehaltsurteil 12 2 E
Vorbescheid im Erbscheinsverfahren 23
Vorläufige Vollstreckbarkeit 12 1 C, 14, 1, 2
Vormundschaftsgerichtlicher Beschluß 20

Widerklage 12 2 A
Widerspruchsbescheid 50
Wiederaufnahme 46
Wiederaufnahmeantrag 45
Wiedereinsetzung 12 1 B e

Zulassung der Berufung – Ablehnung des Antrags 57 – Zulassung 57 2
Zwischenurteil 12 2 G
Zwischenverfügung 24, 28 1 a

Buchanzeigen

Jauernig/Schlechtriem/Stürner/
Teichmann/Vollkommer

Bürgerliches Gesetzbuch

mit Gesetz zur Regelung des Rechts der
Allgemeinen Geschäftsbedingungen

Herausgegeben von Professor Dr. Dr. h. c. Othmar Jauernig. Erläutert von Dr. Dr. h. c. Othmar Jauernig, o. Prof. an der Universität Heidelberg; Dr. Dr. h. c. Peter Schlechtriem, o. Prof. an der Universität Freiburg; Dr. Rolf Stürner, o. Prof. an der Universität Freiburg, Richter am OLG Karlsruhe; Dr. Arndt Teichmann, o. Prof. an der Universität Mainz, Richter am OLG Koblenz; Dr. Max Vollkommer, o. Prof. an der Universität Erlangen-Nürnberg

8., neubearbeitete Auflage. 1997
XXXV, 1835 Seiten. In Leinen DM 112,–
ISBN 3-406-42756-1

Der »Jauernig«
ist der ideale **Taschenkommentar** für Juristen in Ausbildung und Beruf. Er ist aus der **Gerichtspraxis** und der Tätigkeit des Rechtsanwalts nicht mehr wegzudenken. Aber auch **Nichtjuristen** aus allen Bereichen der Wirtschaft, Angehörigen der steuer- und wirtschaftsberatenden Berufe sowie allen sonst mit Rechtsfragen befaßten Personen und Institutionen wie Vereinen, Verbänden, Handelskammern bis hin zu Verbraucher- und Mieterberatungen gibt dieses Werk **zuverlässig Auskunft** auf zahlreiche Fragen der täglichen Praxis.

Die 8. Auflage
erscheint in neuem Format und mit Randnummern. Neben einer Vielzahl neuer Rechtsprechung und Literatur berücksichtigt sie insbesondere folgende Gesetze:

- Sachenrechtsbereinigungsgesetz v. 21. 9. 1994
- Schuldrechtsanpassungsgesetz v. 21. 9. 1994
- Gesetz zur Änderung des Rechts der beschränkten persönlichen Dienstbarkeiten v. 17. 7. 1996
- Arbeitsschutzgesetz v. 7. 8. 1996
- Teilzeit-Wohnrechtegesetz v. 20. 12. 1996
- Arbeitsförderungs-Reformgesetz v. 24. 3. 1997
- Produktsicherheitsgesetz v. 22. 4. 1997

Verlag C. H. Beck · 80791 München

Emmert
Europarecht

Von Frank Emmert, Dozent für Europarecht am Europainstitut der Universität Basel

1996. XXXVI, 492 Seiten. Kartoniert DM 48,–
ISBN 3-406-39783-2
(Studium Jura)

Dieser Band

deckt das Recht der Europäischen Union, wie es im ersten und zweiten juristischen Staatsexamen zum **Pflichtstoff** gehört, **vollständig ab**. Alle wichtigen Sachgebiete werden **systematisch erläutert** und anhand von **Fallbeispielen** verdeutlicht:

- Grundlagen der Gemeinschaft und ihrer Organe
- Vorrang und unmittelbare Anwendbarkeit des Gemeinschaftsrechts
- Rechtsschutzmöglichkeiten vor dem Europäischen Gerichtshof
- Grundfreiheiten des Waren-, Dienstleistungs-, Kapital- und Personenverkehrs-, Kartell- und Wettbewerbsrechts

Dieses Werk berücksichtigt bereits den **Stand** des Gemeinschaftsrechts nach dem **Beitritt** von **Finnland, Österreich** und **Schweden**.

Die Reihe Studium Jura

bringt Sie dem Erfolg näher:
- Konzentration auf das examensrelevante Wissen
- Bildhafte, verständliche und einprägsame Darstellung
- Optimale Kombination von Fällen und theoretischem Hintergrund
- Aktives Lernen durch Kontrollfragen.

Studenten und Referendare

haben jetzt mehr von der Rechtswissenschaft, nämlich:
- Orientierung für Studienanfänger
- Wiederholung und Vertiefung für Examenskandidaten
- Zeitsparende Darstellung für Referendare.

Verlag C. H. Beck · 80791 München